MARCHAND

AYOT, PARIS

PAR

M. DUTRÈB

MARCHAND

DU MÊME AUTEUR

Galliéni (*épuisé*).

Mangin (en collaboration avec P.-A. DE GRANIER DE CASSAGNAC), PAYOT, Paris 1920.

La Tornade (*sous presse*).

Nos Sénégalais pendant la Grande Guerre (préface du g^al MANGIN) (*sous presse*).

EN PRÉPARATION :

Les soldats qui créent.

L'Amiral Dupré et la conquête du Tonkin (préface du g^al de TRENTINIAN).

LE GÉNÉRAL MARCHAND.

M. DUTRÈB

MARCHAND

Avec 4 hors-texte,
1 fac-similé d'écriture et 2 cartes.

PAYOT & CIE, PARIS
106, BOULEVARD SAINT-GERMAIN

1922

Il a été tiré de cet ouvrage :

1 exemplaire sur Japon Impérial (N° 1).
25 exemplaires sur vergé pur fil des papeteries de Lafuma (N° 2 à 26).

PRO MEMORIA SECUNDI PATRIS MEI

ABRÉVIATIONS
EMPLOYÉES DANS LE COURS DE CE VOLUME

G. Q. G.	:	Grand quartier général.
Q. G.	:	Quartier général.
P. C.	:	Poste de commandement.
A.	:	Armée.
C. A.	:	Corps d'Armée.
D.	:	Division.
D. I.	:	Division d'Infanterie.
D. I. C.	:	Division d'Infanterie coloniale.
R[t]	:	Régiment.
R. I.	:	Régiment d'Infanterie.
R. I. C.	:	Régiment d'Infanterie coloniale.
B[on]	:	Bataillon.
B. T. S.	:	Bataillon de Tirailleurs Sénégalais.
T. S.	:	Tirailleurs Sénégalais.

Marchand avait raison de dire, en 1898, qu'il ne faut jamais désespérer de voir sourire le sphinx. Un immense hosanna va s'élever de la terre des Pharaons où notre génie latin a tant d'amis et de si mystérieuses affinités. Et d'autres chaînes tomberont encore...

Mais il ne sied pas d'attendre que notre loyale alliée ait attaché le dernier fleuron à sa couronne de libératrice. Saluons dès aujourd'hui l'œuvre qu'elle accomplit aux rives de la Méditerranée. L'année qui voit l Egypte libre est bien celle qu'il fallait choisir pour retracer glorieuse et féconde l'histoire de Marchand de Fachoda.

C'est à Thoissey, petite ville anciennement fortifiée et combative, de la principauté des Dombes, devenue bien paisible maintenant, mais égayée par les eaux de la petite Chalconne et de la grande Saône, que naquit, le 22 novembre 1863, celui qui deviendra le général Marchand.

Son père, Georges Marchand, appartenait à une famille fixée dans le pays depuis plus de six siècles; il était menuisier, et la piété de ses fils conserve encore dans la vieille demeure familiale ses « chefs-d'œuvre » sculptés ou en marqueterie.

Il se maria tôt, et sa femme Marie Duplessis (d'une vieille race de cultivateurs mâconnais) n'avait que 20 ans quand elle lui donna son fils aîné, Jean-Baptiste, le héros de ces pages, qui sera suivi, à intervalles éloignés, de trois frères et d'une sœur.

Nouvel exemple que les familles relativement nombreuses fournissent plus que d'autres les sujets aptes à l'élévation sociale ; nouvelle preuve aussi des admirables qualités, des hautes vertus que le vieux terroir français peut produire.

On voit, ou plutôt on voyait hier encore, à Thoissey, un beau collège fondé en 1680 par la Grande Mademoiselle ; c'est là que Marchand fit ses études ; le prix y était extrêmement modeste pour les externes de la bourgade, et le jeune homme put y rester jusqu'à 15 ans, âge auquel il fut placé clerc débutant chez un notaire ami de la famille.

Mais sans doute, comme certaines photographies d'adolescent pensif permettent de le supposer, rêvait-il plus qu'il ne rédigeait de contrats.

Aucune carrière positive ne le tentait, lorsqu'il trouva son chemin de Damas sous l'inspiration de Jules-Ferry.

N'y tenant plus, il obtint de ses parents, en 1883, l'autorisation de s'engager dans un paisible régiment de ligne avec force recommandations pour le colonel. En cours de route pour la caserne il s'échappa, changea un chiffre sur sa feuille et se faufila à Toulon, au 4e colonial, qu'il savait désigné pour l'Orient. Le ciel ne protégea pas cette fugue, une épidémie de choléra changeant les ordres relatifs au départ ; et le jeune soldat aspirant aux randonnées mondiales se trouva cloîtré dans son engagement.

Il décida donc de devenir d'abord officier et, muni d'une instruction suffisante, put sortir de Saint-Maixent dans le minimum de temps nécessaire alors, c'est-à-dire un peu plus de trois ans (1). Sans doute

(1) Soldat 1er octobre 1883 ; caporal 1er avril 1884 ; sergent 1er septembre 1884 ; Elève Saint-Maixent 1886 ; sous-lieutenant 4e régiment d'infanterie de marine, 18 mars 1887.

ses galons réjouirent-ils dans sa tombe son grand-père maternel, grognard de l'Empire, qui lui faisait révérer sa médaille de Sainte-Hélène et racontait inlassablement à son enfance la bataille de Waterloo.

Sitôt sous-lieutenant, Marchand consacra sa maigre solde (qui s'arrondissait pendant ses campagnes) à l'instruction de ses jeunes frères, n'ayant qu'un but, les voir, eux aussi, se vouer au service du pays.

Un seul, aujourd'hui administrateur à Madagascar, a atteint à proprement dire l'âge d'homme. Bien que père de quatre enfants, il quitta son poste en 1914 pour faire son devoir sur le front.

Des deux autres, l'un disparut en 1895 frappé d'une insolation foudroyante, tandis qu'il faisait partie d'une colonne de pénétration au Soudan. Le plus jeune, fidèle à la petite patrie lyonnaise, avait voulu être chasseur alpin et succomba sous les fatigues d'une manœuvre en montagne.

La famille Marchand a donc perdu au service de la France deux fils sur quatre, il reste d'elle, à l'heure actuelle, sept petits enfants.

Quand il eut gagné ses premiers galons, ce n'était plus une, mais deux voies, qui s'ouvraient devant le jeune officier. D'un côté, le Tonkin, enfin accessible, le connu, la lutte militaire à travers les régions surpeuplées; de l'autre, l'Afrique centrale avec ses mystères, ses immensités vierges, ses « routes à ouvrir. »

C'est aussitôt vers les secondes qu'il se sentit irrésistiblement attiré.

Le 20 janvier 1888, il débarquait à Dakar. Son premier poste fut un petit village mommé N'Diago qui se trouvait à l'entrée d'une sorte de langue de terre longue d'une centaine de kilomètres sur 8 à 10 kilomètres de large, appelée langue de Barbarie qui, de Saint-Louis, s'étend entre l'Océan et le Sénégal.

Le poste barrait donc l'entrée de Saint-Louis. La vie y coulait rustique et calme ; le sous-lieutenant était chargé de vérifier le passage des caravanes, et de s'assurer que, dans les sacs où s'enroulaient d'immenses boas en route pour les jardins zoologiques européens, aucune munition destinée à nos ennemis de couleur ne vînt frauduleusement se glisser.

Cela lui donnait l'occasion de se pencher sur l'âme des indigènes, auprès desquels il allait avoir à remplir de si multiples missions.

Dès les premières pages il sied d'insister sur ce fait, bien connu des initiés mais encore ignoré de la masse : si admirable que soit le soldat en Marchand, si héroïque, si splendide qu'il puisse être, cet homme n'est pas uniquement un soldat. Le point de vue diplomatique et économique a toujours eu dans sa vie et dans sa pensée infiniment plus de place que les armes.

La conquête du Soudan était loin de n'être qu'une aventure guerrière ; sans doute fallait-il se battre, au début, pour rétablir l'ordre, pour assurer la stabilité de l'entreprise ; sans doute était-il indispensable de réduire les esclavagistes et de défendre les populations de commerçants paisibles contre ces « sociétés de l'Islam » qui les pressuraient ; mais la domination militaire, loin d'y être une fin, n'était que le moyen de nous assurer en ces régions toute l'extension commerciale que nous y pouvions trouver. C'est ce but essentiellement pacifique et diplomatique qui, dès la première heure, avait séduit le jeune officier avide d'action, mais d'action féconde.

Pour l'atteindre, pour s'enfoncer dans l'inconnu, il fallait passer dans les cadres des troupes indigènes, aux tirailleurs sénégalais.

Après être resté 3 ou 4 mois au petit poste de N'Diago, Marchand permuta avec un officier de tirailleurs sénégalais et, fin juin, il fut envoyé vers Kayes.

A cette époque commençait la campagne de 1888-1889, campagne de pénétration, qui débuta par la prise de Koundian.

Les Toucouleurs (musulmans) contre lesquels se dirigeait cette campagne se montraient de rudes adversaires, tant politiques que militaires. Ils avaient pour chef Amadhou, le fils de l'Hadj Oumar (c'est-à-dire du pèlerin) dont la mémoire était sacrée. Son influence s'étendait sur la rive gauche du Niger et gagnait jusqu'au Sénégal, tandis que Samory dominait sur la rive droite les territoires compris entre cette rive et Bani (petit Niger).

Il importait avant tout de réduire quelques centres essentiels d'agglomérations esclavagistes, principalement Koundian, Ségou et Nioro. Koundian, se trouvant la plus proche, serait assaillie la première.

Marchand se trouvait alors sous les ordres du général Archinard (alors colonel et commandant supérieur de la colonie) qui devait donner une immense extension à nos possessions soudanaises. Il apprécia aussitôt son jeune subordonné et le chargea d'effectuer des reconnaissances et d'établir l'avant-projet d'attaque.

Toute la fin de 1888 et les deux premiers mois de 1889 furent employés à cette tâche. Fin février les troupes était amenées à pied d'œuvre et le 28 l'attaque se déclanchait.

Le sous-lieutenant, qui entraînait ses hommes avec ce mépris du danger dont il ne se départit jamais, fut blessé d'une balle en plein front. Il échappa à la mort par miracle. Koundian était enlevé et le jeune chef recevait à 25 ans la croix de la Légion d'honneur. La 1re étape était accomplie.

La seconde, vers laquelle s'orienterait la campagne 1889-90, était Ségou.

Les dispositions pour l'attaque de Koundian, confiées à Marchand, avait été trop brillamment prises pour que le colonel Archinard ne tînt pas à le charger de celles de l'attaque de Ségou.

Politiquement et militairement, c'est donc lui qui se vit chargé de cette nouvelle préparation.

Il s'agissait de réunir autour de nous le plus de sympathies possible, de priver tant que faire se pourrait nos adversaires de leurs alliés, et d'attirer ces derniers dans notre camp.

Marchand remonta le Bani sur plusieurs centaines de kilomètres, afin de tisser autour de la ville tout un réseau d'alliances politiques et commerciales.

Quand il revint vers le colonel Archinard, il avait rempli sa mission au-delà de toute espérance. Grâce à lui la situation se présentait dans les circonstances les plus favorables, il ne restait plus à effectuer que la préparation militaire. Là il accomplit son premier tour de force : en deux mois, 250 kilomètres de route furent construits sous ses ordres pour permettre à la colonne de traîner à sa suite ses deux canons de 95 et ses munitions.

Ségou, attaqué le 6 avril 1890, tomba le jour même entre nos mains.

Cette seconde victoire nous rendait maîtres de la capitale de l'empire Toucouleur. Il ne restait plus qu'à s'assurer de Nioro, capitale du Kaarta. Ce fut l'objet de la campagne de 1890-91.

Elle fut préparée de la même façon que les précédentes par Marchand (promu lieutenant en janvier 1890). Mais cette fois deux colonnes devaient se partager les opérations.

La première, commandée par le colonel Archinard en personne, devait partir de Kayes en février. La seconde, confiée à Marchand, avait pour mission de barrer la route à Ahmadou. Il lui fallait donc se placer à l'est de la ville, accomplir un détour de plusieurs milliers de kilomètres qui demanderait plus de 4 mois.

Dès novembre, il s'était mis en route avec les éléments de la 2e colonne d'attaque. Il était parti par Bamakou, la grande ligne des caravanes que longe à présent un chemin de fer, et, exécutant un angle droit, était venu se placer à l'est même de Nioro.

La bataille s'engagea selon le rythme prévu : Marchand barra la route à l'ennemi qui vint, en effet, buter sur lui. Dans les premiers jours de mars, la ville était prise.

Trois années avaient suffi pour conquérir l'immense territoire.

Mais trop récente était la conquête pour que la pacification fût absolue ; la bête domptée, mais non encore séduite eut un terrible soubresaut. Pendant que nos colonnes assaillaient Nioro, la région de Ségou se révoltait.

Tous les guerriers des pays soulevés allèrent se concentrer à Diéna.

Une grande bataille s'y livra le 13 avril 1891 où Marchand fut de nouveau blessé, une balle lui traversa le bras droit ; il n'échappa qu'à grand peine à l'amputation et, pendant près de dix ans, les nerfs touchés le firent souffrir.

Le sous-lieutenant Mangin recevait ce même jour ses premières blessures, et cette heure glorieuse et sanglante marqua leur rencontre sur ce sol africain pour lequel ils ont tant lutté.

CHAPITRE II

RÉSIDENT A SIKASSO
CAMPAGNE CONTRE SAMORY

MISSION DU LIEUTENANT. — SES ADVERSAIRES. — SON PALAIS. — EFFERVESCENCE. — TIÉBA. — SA FÉROCITÉ. — SA COURTOISIE. — PUISSANCE DE SAMORY. — MARCHAND RÉUSSIT. — VICTOIRES DE LA COLONNE. — TRAHISON DE PHOU. — NOUVELLE ATTITUDE DE TIÉBA. — MORT DU CAPITAINE MÉNARD.

A l'est des Etats de Samory, sur la rive droite du petit Niger, s'étendait le Kénédougou, les Etats de Tiéba, dont la capitale était Sikasso. Il importait de ménager, ou mieux encore de se concilier l'influence grandissante de ce roi, on pensa aussitôt à Marchand pour remplir ce rôle malaisé.

En mai 1891, accompagné seulement du Dr Grall et de quelques tirailleurs, il est donc envoyé à Sikasso, en qualité de Résident de la France auprès de Tiéba. Il y restera environ un an, période qu'il appellera son année diplomatique. Sa mission consiste à décider le roi à s'allier à nous dans la nouvelle campagne que nous allons entreprendre contre Samory.

Bien que Tiéba nous soit redevable de la majeure partie de sa puissance, il ne se hâte pas de nous en manifester une reconnaissance exagérée.

Il vit d'ailleurs dans une ambiance trouble. Le lieu

tenant Marchand voit se dresser contre lui des adversaires diplomatiques de premier ordre ; les grands Marabouts de La Mecque et de Sokoto sont ses dangereux antagonistes ; un représentant d'Ahmadou, notre pire ennemi, se tient sans cesse auprès de Tiéba, et les fils du roi ne nous dissimulent pas leur hostilité, non plus que de nombreux membres de son entourage. La lutte en « palabres » est donc difficile et rude. Aussi rude que la vie menée par notre malheureux Résident.

Quand on parle d'un tel poste, on songe immédiatement aux ambassades européennes, au luxe, au confort, aux égards dont sont entourés tous les représentants des puissances, même secondaires ou hostiles, et à leur sécurité absolue. En pays africain, il n'en va pas de même : à la lutte diplomatique s'ajoute le risque perpétuel d'une révolte ayant pour sanglant corollaire le massacre général des blancs.

Voici d'ailleurs, d'après le récit officiel d'un témoin, en quoi consistait le « palais de la résidence », qui situé au fond d'un cul-de-sac « donne une triste idée de la générosité et de la reconnaissance de Tiéba : (1)

« C'est un carré exigu, entouré d'un haut tata auquel est adossée d'un côté une sorte de bâtisse à étage, percée de lucarnes, à laquelle on accède par une rampe coudée en terre battue. Sur les autres faces, laissant au milieu une étroite cour, de petites maisons cubiques de quatre à cinq mètres ne reçoivent de jour et d'air que par la porte. Il faut avoir vu pareille prison et y être entré à l'heure où le soleil est haut,

(1) Commandant PEROZ : *au Niger*, Paris, Calmann-Lévy 1890.

pour comprendre ce que des Européens doivent y souffrir de la chaleur, du manque d'air et des odeurs nauséabondes qui montent des maisons voisines qui l'enserrent ».

Encore le témoin parle-t-il du « palais » après ses embellissements ; les « lucarnes » n'existaient pas dans la construction primitive, et leur percement avait même failli provoquer une émeute qui eût pu tourner au tragique :

Etouffant dans cette masure, uniquement aérée par une porte intérieure, notre résident à Sikasso n'avait-il pas décidé de faire percer, aux quatre coins, ces trous d'une trentaine de centimètres carrés ? Et soudain toute la ville avait été en effervescence ! Foule en guenilles au milieu de laquelle s'agitaient quelques boubous brodés de hauts personnages ; quelques boubous blancs de sofas, et où pérorait digne, et pourtant exalté, quelque vénérable marabout. On cria, on protesta, on fulmina contre le toubab (le blanc) qui allait par ces dangereuses fentes faire passer la gueule de ses canons, bombarder la cité pacifique ! Le roi lui-même partagea en apparence l'indignation de ses sujets, car s'il n'ignorait pas qu'aucune intention hostile ne pouvait être attribuée au représentant de la France, il n'en éprouvait pas moins une fureur réelle contre ces indiscrètes fenêtres par lesquelles le lieutenant pourrait, nuit et jour, non seulement se rendre compte des faits et gestes opérés dans son voisinage, mais surtout voir exécuter certaines fortifications dont on ne se souciait pas de lui faire partager le secret. Avec son calme habituel, Marchand laissa la meute hurler, les chefs protester, le roi s'indigner ;

peut-être se boucha-t-il les oreilles, mais il ne boucha pas ses fenêtres ; le peu d'air brûlant qu'on s'efforçait de lui disputer lui resta acquis. Et Tiéba éprouva une certaine gêne à faire poursuivre ses travaux hostiles.

Etrange personnage que ce Tiéba dont la franchise qui semblait, paraît-il, éclater sur ses traits au premier abord, se révélait à l'examen de moins en moins catégorique ; pas tout à fait fourbe pourtant, « plutôt le roublard que le faux bonhomme » selon l'expression d'un officier qui l'a approché, surtout tiraillé entre deux sentiments contraires, comme le croit le lieutenant Marchand, mais en tous cas brute sanguinaire. Le commandant Péroz (1) en donne des preuves répugnantes.

Quand elle ne s'échauffe pas à des récits de supplices atroces, la voix de ce colosse est pleurarde ; elle gémit de longues récriminations quand il s'adresse à nos envoyés. Dès qu'il parle à ses hauts dignitaires, elle devient impérieuse et hautaine.

Il a d'ailleurs une façon très personnelle de comprendre la politesse, et quand ce commandant Péroz est envoyé en mission auprès de lui par le colonel Humbert, il l'accueille avec une froideur dédaigneuse, oublie les marques les plus élémentaires de la politesse soudanaise, et ne le charge même pas de transmettre ses salutations à notre commandant supérieur.

On peut juger par là des difficultés qui hérissent la route de Marchand et des égards qui lui sont accordés ! Ce ne sont qu'alternatives de promesses et de dérobades dues aux combats sans cesse renouvelés qui se

(1) Commandant Péroz, ouv. cité, p. 22.

livrent dans l'âme du roi. Les lettres mêmes, que le colonel Humbert lui écrit, sont interprétées par lui de telle sorte qu'elles vont à l'encontre de nos désirs. Mais son appui nous est trop nécessaire pour que la colère due à de tels agissements puisse se permettre d'éclater. Il importe que la puissance de Samory soit, au plus tôt, réduite par nous : l'Almamy (chef des croyants) se révèle de plus en plus redoutable ; il a une puissance dont aucun de nos adversaires africains n'approcha jamais ; excellent manœuvrier, il a recours à des ruses stratégiques qui ne seraient pas déplacées en Europe ; ses armements s'accroissent sans cesse grâce à la complaisance d'une puissance européenne qui, pour être aujourd'hui notre amie, ne nous en voudra pas de relater un détail historique.

Les compétitions coloniales franco-anglaises ne sont un secret pour personne, et Sierra-Leone fournit alors à Samory des renforts précieux contre nous. En outre l'Almamy, qui a su fanatiser ses sujets au point de s'en créer un instrument aveugle, fait derrière lui le vide absolu ; il obtient que ces peuplades, attachées de toute leur force à leur sol, se transportent hors de chez elles après y avoir tout anéanti, si bien que, même victorieux, quand nous nous lançons à sa poursuite, la faim finit par nous terrasser. Pareilles luttes ne peuvent donc être tentées qu'en emmenant avec soi troupeaux et vivres qui alourdissent les colonnes au point de les rendre presque impossibles.

Pour toutes ces raisons, les alliances avec des peuplades voisines, moins pour les renforts en hommes qu'elles peuvent nous apporter, que pour les vivres que nous pouvons attendre d'elles, nous sont particulièrement utiles. Il faut donc que, s'armant d'une patience inlassable, notre résident, tout en ayant l'air de faire respecter son drapeau, accepte bien des algarades.

Il lui faut aussi agir en hâte, car chaque jour voit la puissance de l'Almamy s'accroître ; chaque jour il entraîne à sa suite de nouveaux alliés, nous laissant des conquêtes ravagées et vides, si bien que nos victoires sur lui ressemblent étrangement à des défaites. Seule la rapidité la plus grande peut éviter une catastrophe.

Marchand qui, plus que tout autre, s'entend aux mouvements foudroyants propres à démoraliser l'ennemi, à bouleverser ses plans les plus subtils, est tout indiqué pour ce genre de guerre. Mais encore faudrait-il que sa mission auprès de Tiéba réussît.

Ses adversaires diplomatiques s'appuient de plus en plus sur les fils du roi dont l'hostilité latente du début devient sans cesse plus agressive ; chaque jour il lutte resserrant les liens d'encerclement moral qu'il a tissés autour du roi ; chaque nuit les grands Marabouts défont son œuvre. Le lendemain le roi ébranlé n'est plus le même : tout est à recommencer. Pourtant, à force d'habileté, de tenacité, de force communicative, le lieutenant atteint son but. Tiéba se décide, son concours nous est assuré. La colonne se met en marche, et bientôt elle sera renforcée par les contingents de Dialakoro, chef du Nafana, dont la diplomatie de Marchand a su se faire un nouvel allié.

Partie de Tengrela, la colonne marque chacun de ses pas d'une victoire ! Kokouana est enlevé, puis Farako ; là s'opère sa jonction avec les troupes de

Dialakoro, et c'est toutes forces réunies qu'on va foncer sur l'adversaire. Mais notre résident n'est pas encore au bout de ses peines. Phou, le fils de Tiéba, qui a pris avec lui le commandement de la colonne, accumule les preuves de mauvais vouloir, et le voilà qui soudain se refuse à poursuivre la route. Une scène violente éclate entre lui et le lieutenant soutenu par Dialakoro.

Quand, après une nuit blanche, Marchand parvient à prendre un peu de repos, ainsi que le docteur Grall, son fidèle compagnon de route, un crépitement les réveille, l'incendie tord au-dessus de leurs têtes des lambeaux de toiles enflammés. Surpris par les flammes, aveuglés par la fumée, peu s'en faut qu'ils ne succombent sous les débris calcinés. Enfin, ils échappent au péril, mais tous leurs bagages sont en cendres, et c'est à demi-nus qu'ils sont recueillis par Dialakoro. Phou a profité de la nuit pour s'enfuir, et il a, au préalable, incendié le campement de son allié, dans l'espoir de se débarrasser de lui sous simple couleur d'accident. Complètement circonvenu par ses fils, maintenant que le lieutenant n'est plus à ses côtés pour soutenir la lutte diplomatique quotidienne, Tiéba se montre de plus en plus hostile, il achète à l'Angleterre des armes à tir rapide... qu'il n'emploie pas contre Samory, et il pourvoit sa capitale de fortifications susceptibles de résister aux canons français. Quant à ses fils, non seulement ils ne dissimulent plus leur projet d'obliger leur père à se séparer de notre cause, mais ils s'efforcent de lui faire contracter une alliance avec l'Almamy et Ahmadou pour nous rejeter du Soudan.

De son côté, Samory redouble d'ardeur, ses attaques contre nous se multiplient. Le 4 février, le capitaine Ménard a été attaqué par Sekouba, l'un de ses meilleurs généraux ; après une longue lutte inégale qui avait épuisé toutes ses cartouches, il a été massacré avec la plupart de ses tirailleurs.

En vain, Marchand a-t-il essayé de voler à son secours, que peut le courage d'un homme contre tant d'ennemis ? Il ne lui reste qu'à transmettre la triste nouvelle au gouvernement d'abord, puis au lieutenant Mangin, dont le frère du capitaine vient d'épouser la jeune sœur, et c'est sur ce douloureux événement que se nouent les premiers liens d'amitié qui unirent depuis ces deux grands soldats.

Mais, si défavorable que la situation puisse être, Marchand ne désespère pas ; pied à pied il lutte et continue à contraindre notre allié récalcitrant à tenir enfin ses promesses. Bref, au milieu des difficultés inouïes, par sa clairvoyance, sa tenacité et son courage, il arrive, non seulement à sauver la situation, mais à la tourner à notre avantage : à affaiblir enfin les forces du plus redoutable de nos ennemis.

En septembre 1892, il rentre en France et, en récompense de ses derniers services, il se voit promu capitaine à 29 ans.

Tiéba est terrassé peu après par une affection cérébrale et meurt « de la tête » comme disent ses sujets.

CHAPITRE III

EXPLORATION DE LA VALLÉE DE BANDAMA PROJET DE CHEMIN DE FER TRANSNIGÉRIEN

NOUVELLE MISSION — LA FORÊT VIERGE. — PRISE DE THIASSALÉ. — LE DIEU PAKI-BÔ. — LES MILICIENS. — MŒURS DES HABITANTS. — MORT DU CAPITAINE MANET. — MISSION ACCOMPLIE. — SAMORY AVANCE VERS KONG. — MARCHAND PRÉVIENT LE GOUVERNEMENT.

Après un repos de six mois qui lui permet de puiser en la mère patrie un renouveau de forces indispensables, Marchand se voit confier une nouvelle mission.

Il s'agit de déterminer la meilleure voie d'accès à nos possessions transnigériennes. Les richesses de ces régions sont inouïes et les habitants, les Dioulas, (1) doués pour le commerce d'aptitudes particulières, l'ont monopolisé à leur profit dans le bassin de Niger ; si la France parvenait à se les attirer, les concurrences économiques anglaises et allemandes se verraient triomphalement dépassées.

Jusqu'à présent, effrayé par l'immensité des forêts vierges, on a accédé à ces territoires par le Sénégal et le Niger, soit 2.500 kilomètres à parcourir.

(1) Mot qui dans la langue des indigène signifie commerçants.

Marchand pensa qu'en partant de la Côte d'Ivoire (région de Grand Bassam) les difficultés de chemin seraient compensées par la réduction de la distance, 600 kilomètres au lieu de 2.500. Il résolut donc de tenter l'expérience que nul jusqu'alors n'avait osée.

C'était une mission toute pacifique, d'exploration et de but commercial, et afin d'en convaincre les habitants, il se mit en route avec une escorte de 20 hommes.

Il est facile de s'imaginer les luttes, les privations, les dangers encourus en telle randonnée, en ce pays férocement sauvage, à travers ces forêts vierges dont le colonel Baratier, qui les parcourra l'année suivante, traça un saisissant tableau :

« Je l'ai traversée cette forêt, dans sa partie la plus étroite, heureusement (1). Pour circuler sur ces chemins à peine frayés, il faut être un acrobate de profession. A chaque pas surgit un obstacle : tantôt des arbres abattus par la vieillesse ou étouffés par l'excès de vie qui les entoure, tantôt des lianes semblables à des bras tendus en travers du sentier, tantôt des fondrières aux abords de ruisseaux invisibles dont on entend le murmure derrière la muraille de verdure qui vous enserre de tous côtés. On escalade les troncs les plus petits ; sous les plus gros (ils ont parfois 3 ou 4 mètres de diamètre) on se glisse, on rampe le dos râclant l'écorce, les mains plongeant dans une pourriture de feuilles, de débris végétaux, d'où sortent des myriades d'êtres grouillants, fourmis noires, rouges ou blanches, scolopendres, araignées, vermines de

(1) Colonel Baratier : *Epopées africaines*, Paris, Fayard.

toutes nuances et de toutes dimensions. Quand l'arbre tombé ne laisse pas entre la terre et lui un espace suffisant, on le contourne, et si nul n'est encore passé depuis sa chute, il faut creuser une trouée dans le fourré ; heureusement, l'écroulement du géant a disloqué en partie cette jungle impénétrable qu'on ne pourrait forcer sans le secours de la hache. Et le sentier circule, serpente, afin de choisir le passage le plus facile, ne suivant jamais un élément de ligne droite.

... « Cette forêt, où la vie est répandue à profusion, donne l'impression de la mort...

... « Ici la gloire du jour est remplacée par une demi-clarté ; le parfum de la verdure humide de rosée, par l'haleine fétide d'un humus décomposé ; la douceur, le charme de la solitude et du silence, par des glissements furtifs, des rampements suspects, des visions de cauchemar ; dans le jour voilé de crêpe, les lianes tordues se plaquent sur la profondeur de l'ombre comme une convulsion de forces cherchant à s'évader, à sortir de l'ensevelissement. »

Le premier soin de Marchand est d'organiser ses convois, mais la route est barrée par Thiassalé « l'Inviolée », porte de Baoulé, contre laquelle toutes les précédentes missions ont vu échouer leurs efforts. Marchand décide de s'en emparer... et s'en empare, y bat le roi Comramboué, lui fait grâce de la vie, mais le détrône et lui substitue Fatou Aka dont la fidélité nous est acquise. Une poignée de tirailleurs, renforcés par des miliciens, constituent, comme nous l'avons vu, ses seuls effectifs. Il supplée à tout par sa vaillance et par sa rapidité foudroyante. Ses marches tiennent de prodige : tandis qu'on l'attend au nord, il bondit au sud, tombe en pleine palabre sur ses adversaires, les disperse, les poursuit, les soumet... et passe, surgissant le lendemain sur un autre point où l'on croit impossible de le voir paraître avant plusieurs jours. Une terreur superstitieuse finit par saisir les indigènes, eux qui pourtant connaissent à fond le pays estiment impossible à un simple mortel d'accomplir de pareils exploits, bientôt ils le considèrent, comme une sorte de demi-dieu, le dieu Paki-Bô comme ils le surnomment (de Paki : forêt vierge et Bô ouvrir, c'est-à-dire l'Ouvreur de route)... et n'essayent plus de lui résister. Telle est l'admiration qu'il sait imposer qu'un an plus tard, quand le lieutenant Baratier vient à son tour dans le Baoulé et y tombe en pleine effervescence, la révolte grondante s'arrête brusquement : le chef, à une de ses marches rapides, a reconnu la manière du premier vainqueur « tu es le frère de Paki-Bô » murmure-t-il en s'inclinant... et la vie de l'officier est sauve.

Il faut en effet au capitaine Marchand un prestige spécial pour avoir pu mener à bien pareille tâche avec une troupe formée presque uniquement par des miliciens.

Les tirailleurs sont la dicipline et la bravoure incarnées ; issus, des mêmes races, les miliciens portent en eux les mêmes qualités ; mais germe pareil ne produit pas toujours plante identique. Ils sont d'ailleurs, il faut l'avouer, le rebut des compagnies régulières les fortes-têtes, ceux qui n'ont pas été acceptés par l'autorité militaire ou que la discipline a rebutés. Singulières dispositions pour un corps chargé lui-même de maintenir l'ordre !

Voici d'ailleurs un échantillon de leur procédé qui

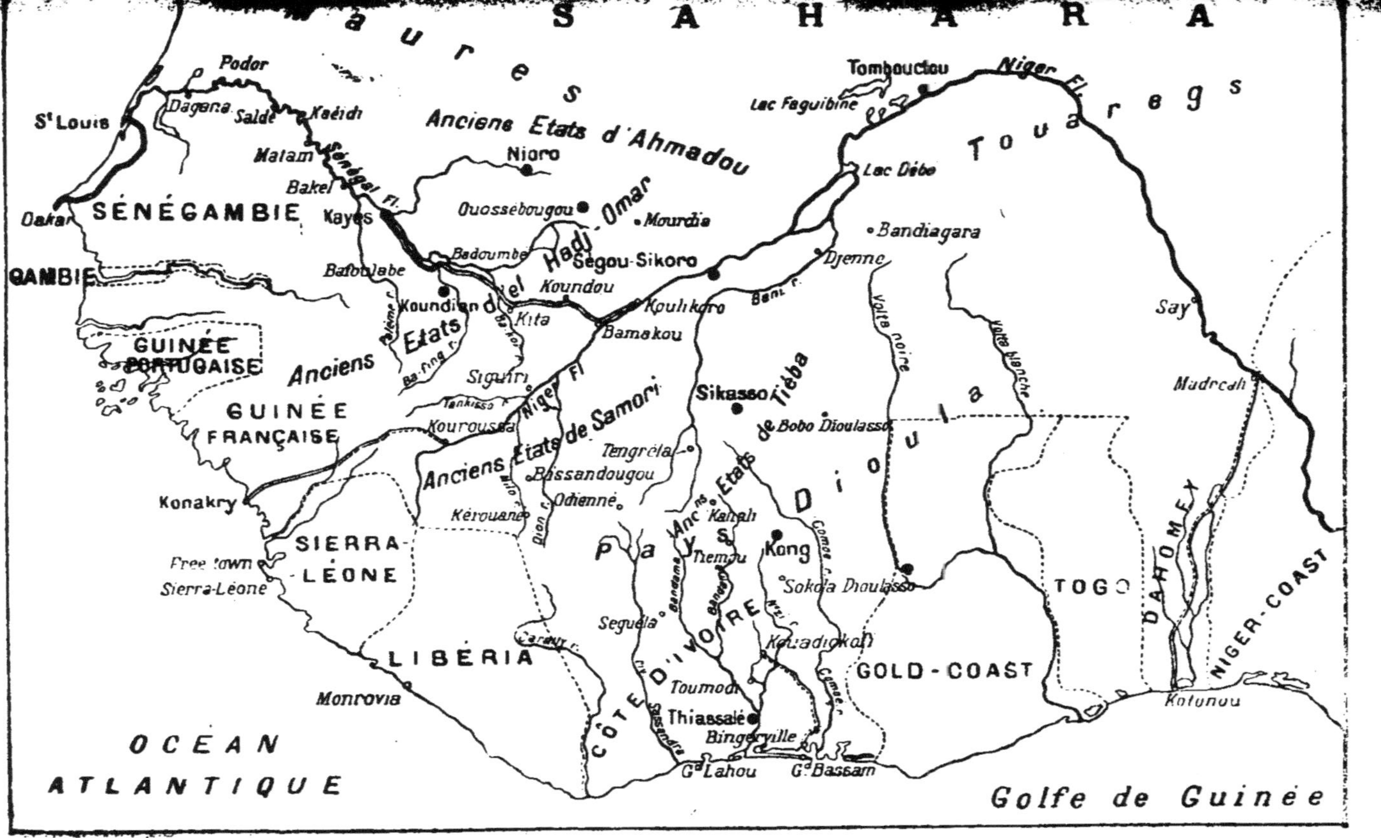

CARTE DES DIVERSES OPÉRATIONS ET MISSIONS DU LIEUTENANT MARCHAND

présentera mieux ces étranges soldats que les épithètes les plus choisies :

Deux d'entre eux ayant un jour commis quelque méfait dépassant les limites excusables, leur chef direct, le chef de la milice, les condamne à la prison. Craignant que l'arrêt soit mal exécuté en s'en rapportant à ses subalternes, il conduit lui-même ses gaillards au seuil de la geôle, mais à peine la porte s'ouvre-t-elle qu'il se sent saisi par les bras, les deux condamnés récalcitrants l'empoignent, le poussent, l'enferment et c'est lui, qui va cette nuit, en leur lieu et place, connaître les délices de « l'Ours ». Pour humoristique qu'il soit, bien que rigoureusement exact, le fait n'en est pas moins des plus regrettables.

La plupart du temps les châtiments disciplinaires, — extrêmement restreints d'ailleurs, puisque la désertion, considérée comme simple rupture de contrat de travail, n'est passible que de quinze francs d'amende — sont presque impossibles à appliquer. Il n'est pas rare de voir la milice entière se mettre en révolte armée pour obtenir la liberté de camarades justement condamnés. Et plus d'une fois le chef, dépourvu de tout moyen d'action, se voit forcé, bien malgré lui, de rendre la liberté aux coupables. Dans ces conditions, une troupe, quelle qu'elle soit, ne tarde pas à présenter plus de risques qu'elle n'assure de sécurité.

Ce sont pourtant ces mêmes miliciens qui, sous la conduite de Marchand, viennent d'accomplir des prodiges de valeur et de discipline. Le seul énoncé de ce fait constitue le plus bel éloge que la science de meneur d'hommes du jeune capitaine puisse recevoir. D'autant plus que la barbarie forcenée des peuplades chez lesquelles il passait ne pouvait que réveiller chez ces hommes leurs instincts les plus sauvages.

« Je me souviens du récit que m'a fait Marchand de l'enterrement auquel il a assisté pendant sa traversée de la Côte d'Ivoire au Soudan (1). Encore aujourd'hui, il ne peut y penser sans un haut-le-cœur de dégoût, un frémissement d'horreur ; aussitôt la scène se représente à lui : d'abord les préliminaires du sacrifice ; les lugubres gémissements des pleureuses qui dominent les clameurs des hommes, les battements ininterrompus du tambour qui scandent les danses désarticulées des indigènes. Au milieu, des bûches flambent et jettent sur cette frénésie des lueurs d'enfer. Puis un sorcier bondit, le corps barbouillé de peinture, orné de peaux de bêtes, de fétiches qui pendent et cliquettent ; ses pieds battent le sol, l'entourent d'un nuage de poussière, et subitement il s'arrête, c'est le silence : une femme vient d'être amenée au bord du trou qui marque le centre de cette orgie démoniaque.

« Le sorcier lui parle et lui montre le mort :

« Toi, tu seras chargée d'entretenir son feu, tu prendras de petites bûches, tu les choisiras bien sèches... »

« A chaque recommandation, la femme incline la tête... Tout à coup elle pousse un hurlement horrible. Le sorcier lui a plongé son couteau dans le ventre et, d'un tour de main, en a enlevé le foie qui, avec le corps pantelant, est précipité dans la fosse. La horde sauvage hurle de joie, mais déjà une autre femme est là.

(1) Colonel BARATIER : *Au Congo*. Paris, Fayard.

« Toi, tu iras chercher son eau, tu la puiseras à une source claire, tu auras soin qu'elle soit fraîche... »

« Oui, oui, halète la malheureuse...

« Un nouveau hurlement et le deuxième corps tombe dans la fosse, pendant que le sorcier, dont la frénésie devient de la folie, mord dans le foie palpitant qu'il vient d'arracher, se barbouille la face de sang.

« Profitant du délire qui secoue la foule, Marchand réussit à s'échapper, les mains sur les oreilles, fuyant ce cauchemar ; il s'enferme dans sa case, mais les cris qui déchirent l'air parviennent jusqu'à lui. Après les femmes du défunt, ce sont les esclaves qui sont sacrifiés, et plus les corps s'amoncellent dans le trou, plus les vociférations des forcenés montent et emplissent la nuit. »

Si ceux qui blâment, sous couleur de philanthropie, les entreprises coloniales se trouvaient parmi ces pauvres diables chargés d'accompagner leur chef dans un monde meilleur, peut-être contesteraient-ils moins le rôle civilisateur qu'assument là-bas nos officiers.

Sitôt que la première partie de sa tâche est accomplie, que les populations sont pacifiées, les transports assurés, que tout est réfléchi, prévu, Marchand s'enfonce plus avant vers le nord. Il va rejoindre son compagnon de route, le capitaine Manet, qui, parti en avant, doit l'attendre par delà les chutes du Bandama, à dix kilomètres au-dessus de Thiassalé, en face du village de Taboutié.

Une douloureuse surprise l'attend. Bien que Marchand, qui aime à ne rien laisser au hasard, en a personnellement exploré les rapides afin de déterminer la route à suivre qui offrirait le moins de danger, son compagnon a cru pouvoir prendre une voie plus courte et son pauvre chaland d'acier, roulé, brisé, s'est retourné, le précipitant en plein courant, rendant tout sauvetage impossible.

Mais le temps est trop précieux pour le perdre en regrets, si légitimes qu'ils puissent être : en avant, toujours en avant, telle doit être la devise de tout vrai soldat. Malgré le deuil qui lui crêpe l'âme, Marchand poursuit sa mission, il avance, brisant tous les obstacles avec une énergie que rien ne saurait enrayer.

Après avoir atteint Tengrèla, le 12 février 1894, il pense à revenir ; mais il apprend la marche de Samory vers Kong. Aussitôt il retourne sur ses pas, et malgré le nombre restreint de ses effectifs, laisse dans la ville menacée quinze de ses meilleurs tirailleurs. Sitôt de retour à Kodiokofi il prévient les autorités militaires supérieures du danger qui nous menace et regagne la côte par marches forcées, afin de prendre part à l'expédition qui va vraisemblablement se former.

De l'exploration qu'il vient d'accomplir il rapporte un intéressant projet de chemin de fer qui unissant le Bandama au Niger par le Bagoé-Bani assurerait à la France l'accès de toute la région (1).

(1) Colonel BARATIER. *Epopées africaines*, Paris, Fayard 1892.

CHAPITRE IV

LA COLONNE MONTEIL

MAUVAISES CONDITIONS DE LA COLONNE. — MARCHAND LA REJOINT. — EN AVANT-GARDE. — ATTAQUE DES SOFAS. — LA TORNADE. — CONTRE-ATTAQUE VICTORIEUSE. — PRISE DE LAFIBORO. — MARCHE DE NUIT. — NOUVELLE ATTAQUE. — SUCCÈS COMPROMIS. — MARCHAND RÉTABLIT LA SITUATION. — LE POINT STRATÉGIQUE. — VICTORIEUSE MAIS TROP FAIBLE. — MENACE D'ENCERCLEMENT. — MARCHAND EMPORTE LE PASSAGE DE SÉGUÉNO A LA BAÏONNETTE. — LE COLONEL MÉNARD VENGÉ. — HÉROÏSME. — DÉCOURAGEMENT. — LE RÔLE DE MARCHAND.

Le cri d'alarme poussé par Marchand à Kodikofi a été entendu en France. La colonne Monteil, en partance pour le Haut-Oubangui, reçoit l'ordre de regagner Grand-Bassam pour se diriger en hâte vers Kong.

Malheureusement elle s'engage sous les plus mauvais auspices. Dès les premiers jours elle se voit affaiblir par des contre-ordres et par une diminution sensible de ses effectifs : la compagnie de renfort qu'on lui a promise, en compensation de celle qui lui a été enlevée, ne la rejoint pas et ne la rejoindra jamais. Or, les quatre compagnies, les quelques spahis et la section d'artillerie de montagne (en tout 300 hommes) qui la composent sont absolument insuffisants pour réduire un ennemi de la force de l'Almany, à travers des régions où, pour assurer son ravitaillement, il lui faut laisser des postes qui, naturellement, la privent d'une partie de ses contingents.

Plus que jamais l'intrépidité de Marchand, sa parfaite connaissance du pays vont faire de lui un auxiliaire précieux.

Dès qu'il apprend la formation de la colonne, il force encore ses marches forcées : Le colonel Monteil l'attend pour le consulter au sujet de la route à prendre. Il en existe deux : celle du capitaine Binger et celle que lui, Marchand, vient de créer.

Le gouverneur de la Côte d'Ivoire préconise cette dernière, car la colonne pourra profiter de son passage sur certains points qui la jalonnent pour rétablir un ordre gravement compromis.

L'assassinat de l'administrateur Poulle n'a pas été vengé et, loin d'exécuter la campagne de répression qui eût dû suivre immédiatement ce meurtre, on a été forcé, au contraire, d'abandonner quelques postes dans la région. L'effervescence s'y accroît chaque jour : pris entre les indigènes qui les attaquent et leur propres miliciens, — les éternels miliciens ! — leurs défenseurs attitrés qui les pillent, les négociants de la Côte d'Ivoire sont dans une situation critique.

Marchand rejoint enfin. Les intérêts stratégiques coïncidant avec les raisons gouvernementales, la seconde route est adoptée et la colonne se met en marche : La 9e compagnie (avec le capitaine Marchand) part en avant vers Lafiboro « tâter les avant-postes ennemis » ; les autres la suivront de près.

Mais, dès son arrivée, le lendemain, à l'aube, une bande de sofas précipite une attaque brusquée sur le village de Lafiboro. Après un violent corps à corps, l'ennemi est rejeté au delà du Bé. Le premier danger semble écarté ; pourtant, se trouvant un peu « en l'air » comme il l'écrit dans son rapport, Marchand estime prudent de faire replier sa compagnie à 3 kilomètres en arrière sur Guaméladougou.

A peine a-t-il tracé ces lignes, cacheté sa lettre, que la fusillade crépite à nouveau : l'ennemi revient à la charge avec des renforts importants. La 9e est peu nombreuse. L'officier reprend la lettre des mains du courrier, d'un mot hâtivement tracé sur l'enveloppe il avertit le colonel et, formant ses troupes en carré sur la petite éminence qui domine le village, il s'apprête, s'il ne peut être secouru à temps, à vendre chèrement sa vie.

L'ennemi s'acharnant répète les attaques, les tirailleurs et leur jeune chef se défendent héroïquement, mais la situation empire : de grave qu'elle était, elle devient critique. Tout à l'heure elle sera désespérée. La mort plane. Mais le ciel tout à l'heure limpide se couvre de nuages, les éléments apportent un renfort inespéré : « le tumulte de la tempête se déchaîne. »

« Un rugissement descend du ciel auquel répond une lamentation de la brousse ; préludes lugubres de la tornade (1).

« La voix de la tourmente tour à tour s'élève et s'abaisse : elle s'éloigne, ce n'est plus qu'un rugissement rauque, un hurlement plaintif à travers les arbres ; puis elle revient soudaine, sifflante, éclatante.

« C'est le hurlement du ciel en lutte contre la terre.

... « Les éclairs flamboient ; ils illuminent la voûte

(1) Colonel Baratier, ouv. cité, p. 36.

du ciel qui paraît sillonnée de serpents de feu, à des sanglots et des rires, les branches sifflent, se tordent, les herbes se courbent et gémissent ; dans ce grouillement de vie infernale, les vociférations de l'air à la terre semblent des clameurs de nuées jetées vers les précipices que la foudre essaie d'entr'ouvrir. »

Devant cette cataracte imprévue, sous le feu du canon et sous celui du ciel, les sofas se sont dispersés cherchant momentanément un abri... Inutile pour eux de brusquer les choses, leur proie ne saurait leur échapper.

Quant à la 9e compagnie, formée en carré, elle attend ; à genoux, appuyés sur leurs fusils, cinglés par la rafale, trempés par la pluie, les tirailleurs serrés autour de leur chef passent la nuit sur le qui-vive. Quand le dernier nuage a disparu, le premier crépitement de la fusillade déchire l'air... une autre, en arrière, lui répond.

Le colonel Monteil, qui a ordonné une marche de nuit pour venir au secours de son lieutenant, surgit de la brousse. Une offensive vigoureuse est menée par toute la colonne.

« Nos compagnies se déploient en même temps, le carré passe brusquement de la défensive à l'offensive, il se disloque, les sections se portent en ligne, s'enfoncent dans la brousse. De tous côtés les baïonnettes brillent... (1) »

Bientôt le village de Lafiboro où la 9e a été surprise est enlevé. L'ennemi est en déroute, il faut le poursuivre.

(1) Colonel Baratier, ouv. cité, p. 36.

« Marchand a enlevé toute la région. Il ne suffira pas à Samory de se mettre en travers d'une route pour nous y arrêter. Déjà Marchand propose au colonel un mouvement capable de tromper l'ennemi. Pour l'exécuter, il faut d'abord traverser le Bé. En avant ! (1)

« Quelques obus, une charge à la baïonnette, et la colonne s'installe sur la rive gauche du ruisseau. Aussitôt, la 9e compagnie pousse une reconnaissance dans la direction de Dabakhala, afin d'empêcher Samory de deviner nos projets.

« L'étude de la carte a été reprise sous la tente du colonel. D'après les renseignements recueillis, Samory s'avancerait face à l'est, et nous menacerions en ce moment son extrême droite. Deux points stratégiques sont désignés par Marchand : Dabakhala et Sokola-Dioulasso. Très probablement, Samory est au premier de ces points : en nous portant sur le second, nous nous trouverons sur ses derrières, coupant sa ligne de ravitaillement. Mais les deux routes de Dabakhala et de Sokola bifurquent seulement au nord de notre bivouac, en plein terrain sillonné par les patrouilles ennemies, notre mouvement sera vite signalé. Marchand indique un sentier nous permettant de tourner par l'Ouest et d'arriver à Sokola sans avoir été éventés. »

Et c'est à nouveau la marche de nuit, mais allègre et joyeuse cette fois, car on se réjouit d'avance du « bon tour qu'on joue à l'ennemi ! » Pourtant à mesure que la route s'allonge, le sommeil pèse. La nuit pré-

(1) Colonel BARATIER, ouv. cit. p. 36.

cédente déjà fut partagée entre les fatigues de la marche et le supplice de la tornade, et toute la journée on a combattu en guise de repos. « Les dos se courbent sous les bardas (sacs des tirailleurs) les fusils oscillent sur les épaules ».

Le besoin de sommeil se fait si impérieux qu'il devient torture « Dormir ! Dormir ! (1). Ce n'est plus seulement la torpeur qui envahit, c'est une fièvre, la fièvre de l'insomnie par besoin de sommeil ; ce n'est plus une souffrance, c'est une véritable torture qui brise les nerfs et les exacerbe, ce sont des intermittences d'hallucinations et d'affaissement. Pour connaître cette torture, il faut être arrivé au point où l'organisme est à bout, et être obligé de marcher, de marcher quand même ! »

Enfin voici le jour : un poste ennemi est signalé par les avant-gardes. Le sommeil brusquement se dissipe, on s'élance à la baïonnette, on va surprendre les sofas endormis, les réduire avant qu'ils puissent donner l'alarme. Marchand bondit le premier, d'autres le suivent, mais un tirailleur appuie, par inadvertance, sur la gâchette de son fusil, le coup part, la ruse est manquée. Vingt sofas restent quand même entre nos mains.

La journée se passe en petits engagements. Le lendemain, à l'aube, l'attaque recommence.

Une vigoureuse charge à la baïonnette disperse l'ennemi, mais bientôt l'attaque renaît de ses cendres. « Marchand part avec une compagnie, tourne la position et tombe sur 300 hommes postés à moins de 500 mètres du camp. »

(1) Colonel Baratier, ouv. cité. p. 36.

La marche vers Sokola-Dialousso qui se trouve à une étape d'environ trois heures peut reprendre. Mais un village occupé par un poste de sofas barre la route ; des ordres sont donnés par le colonel Monteil pour l'enlever sans coup férir : Marchand tournera le village et l'enveloppera par le nord ; lorsqu'il sera en place, les autres avanceront et cerneront le poste par le sud. Pas une cartouche ne doit être brûlée, pas un ennemi ne doit échapper, car il faut que la marche de la colonne demeure à tout prix secrète. Baratier règle sa montre sur celle de Marchand, afin que l'attaque décidée pour 7 h. 45 bondisse simultanément des deux points. Retenant leur souffle, les officiers attendent. Une minute encore. Trente secondes, quinze, dix. Le colonel lève le bras pour commander : « En avant... » Soudain à l'arrière, une fusillade imprévue éclate ; déjà la droite ennemie se rabat sur notre flanc gauche, créant une menace grave. Toute la troupe fait immédiatement volte-face, fond sur les nouveaux assaillants, mais un tel changement ne s'opère pas sans confusion ; les sofas s'acharnent et nos canons, faute d'ordres, restent muets. Or, tout à coup, les voilà qui rugissent, apportant un secours inespéré. La charge achève ce que leurs grondements ont commencé. Le terrain nous reste. Mais l'intervention de l'artillerie demeure un mystère. Soudain tout s'explique. Marchand qui, après avoir tourné le village, attendait l'heure de l'attaque silencieuse, était demeuré frappé de stupeur en entendant la fusillade. Une seconde, la surprise l'avait cloué sur place ; mais avant qu'une autre se soit écoulée, il avait compris ce dont il s'agissait : fonçant à travers le poste de sofas, il avait bondi vers la batterie et donné les ordres dont l'à-propos avait sauvé la situation.

Si les détails de notre mouvement s'éclairent, il n'en est pas de même de la tactique de l'adversaire.

Quoi qu'il en soit, la colonne reprend sa marche.

Le lendemain, c'est un autre contingent de sofas qui se heurte à ses avant-postes. A l'est également de forts rassemblements viennent pour ainsi dire buter contre elle. Ils n'engagent pas le combat; sans doute attendent-ils des renforts ; mais telle est déjà la marée humaine que nos intrépides officiers sentent, en la dénombrant, que leur courage ne pourra que retarder une mort héroïque : 10000 hommes sont là et la colonne en compte trois cents à peine !

Immobile, au garde à vous, elle attend ; le silence continue à planer. Des heures passent, pas un seul coup de feu n'éclate. Que se passe-t-il ? Nul ne saurait l'expliquer. Une reconnaissance est chargée de le définir. Surprise générale : les sofas ont tourné bride sans plus donner signe de vie. Un camp important, à en juger par les charges que nous y trouvons, a été abandonné en hâte. La raison de ce départ, nul ne la conçoit, mais il est certain que quelque chose a bouleversé les plans de l'Almamy.

Le colonel est au désespoir de ne pouvoir en profiter ; pour que l'ennemi n'ait pas osé nous attaquer, il faut qu'il ignore la pénurie de nos effectifs ; en le poursuivant, en le talonnant, on changerait son désarroi en déroute, mais que faire avec 300 hommes ! d'énormes avantages nous sont acquis, l'ennemi fuit, la victoire s'offre ; cependant notre faiblesse est telle que nous ne pouvons pas la saisir.

« Nous occupons le point stratégique, nous tenons toutes les routes, constate avec une triste ironie le le lieutenant Largeau, seulement les sofas se promènent sur ces routes », et nous sommes incapables de les leur interdire !

Si les renforts promis au colonel Monteil venaient le rejoindre, la face des événements changerait, mais ne serait-il pas fou de les espérer encore ?

Quoi qu'il en soit, la présence de tant de sofas et leur conduite énigmatique ne tardent pas à être expliquées. Quelques prisonniers donnent le mot du mystère ; Samory connaissant, lui aussi, l'importance de ce point stratégique indiqué par Marchand au colonel, avait donné à ses hommes ordre de l'y rejoindre. De plus ses femmes, ses enfants et toute sa maison militaire y étaient à notre arrivée. Nous sentant proches, il avait en hâte emmené lui-même sa smala à bonne distance ; notre avance rapide avait tout bouleversé. Ces hommes qui, venant à la rencontre de leur chef, trouvaient à sa place l'ennemi, restaient un moment démoralisés... mais ils n'allaient pas tarder à se ressaisir.

La stratégie de l'Almamy avait été digne d'un chef européen ; de ce point en effet il nous dominait, nous barrait toutes les routes et vraisemblablement nous exterminait. Seule la rapidité inouïe de la colonne avait déjoué ses plans. Il n'avait commis qu'une faute, trop tarder à éloigner les siens.

« Mais il était excusable ; jamais il n'avait vu de colonne lui échapper comme la nôtre au bivouac du Bé, jamais il n'avait vu de colonne marcher trois nuits de suite en quatre jours ! Il ne pouvait imaginer qu'il ne disposerait pas du temps suffisant pour mettre les siens en sûreté (1).

« Par la rapidité des décisions du colonel Monteil, par la connaissance que Marchand avait du pays, alors que nous avions devant nous toutes les forces de Samory, nous avions réussi, étant partis du Bé le 5 dans la soirée, à arriver le 7, à minuit, à Sokola, après avoir franchi 60 kilomètres.

« Aucune expédition n'avait encore réalisé pareil tour de force dans semblable situation. La partie s'était jouée comme une partie d'échecs ; à Sokola, non seulement nous avions mis la reine en danger, mais nous avons failli faire échec au roi et à la reine ».

En attendant le butin est fructueux ; et c'est abondamment ravitaillée que la colonne reprend sa marche. Mais cette fois la prudence s'impose, car l'Almamy cherche à l'attirer dans un guet-apens. Projet éphémère : renseigné sur son peu d'importance et fort de ses propres effectifs, il ne songe bientôt plus qu'à la réduire par l'encerclement. Le seul salut est donc de foncer sur l'ennemi, de rompre l'étreinte avant qu'elle ait le temps de se resserrer. Faute d'y réussir, c'est le massacre.

Trois étapes seulement la séparent encore de Kong. Mais avec ses faibles forces elle n'aura, si elle y parvient, jamais la force d'en revenir, et si de là elle doit rentrer par le Soudan, elle se verra contrainte d'abandonner le poste laissé par elle à Satama, ce à quoi elle ne peut songer. D'ailleurs serait-il prudent d'attirer le sultan vers Kong, que, pour des raisons politiques,

(1) Colonel Baratier, ouv. cité p. 36.

il a respecté jusqu'à ce jour, et que, faute des renforts promis, la colonne serait hors d'état de défendre.

Force lui est donc de revenir en arrière.

Une seconde fois à Dabakhala, regagnée en hâte grâce à Marchand qui « dès l'aube emporte à la baïonnette le passage du Séguéno », l'arrivée de la colonne met en fuite la smala du sultan. De retour sur le Bé l'on s'y bat avec rage. Le lieutenant Baratier tue de sa main ce Sékouba qui, en 1892, massacra le capitaine Ménard. Marches et combats se succèdent ou même s'accomplissent simultanément. Ce jour là, pendant plus de 16 heures, on a marché sans cesser de se battre.

Le nombre des blessés augmente, le colonel Monteil a la jambe brisée par une balle.

Enfin on atteint le village ; le poste y a tenu ferme. Juste le temps de se refaire, de réparer les armes ébréchées, de recevoir du renfort, et la colonne pleine d'ardeur repartira contre l'Almamy... Mais un pli « urgent » est remis au colonel ; stupeur et consternation : la colonne est dissoute.

Et ce n'est pas tout : en récompense des services rendus, des qualités militaires hors ligne et d'un courage qui va jusqu'à l'héroïsme, le colonel Monteil est destitué de ses pouvoirs !

« La dépêche ne vise pas une expédition ; elle vise un homme. Pour atteindre l'homme, on déclarait la colonne dissoute. Quels renseignements celui dont cette dépêche était l'œuvre, avait-il pu donner au gouvernement sur la situation du pays ? (1).

(1) Colonel Baratier, ouv. cité p. 36.

« Il n'y a pas à discuter, on ne dissipe pas des malentendus, on ne réduit pas des calomnies à mille lieues de la France. C'est le retour. Aux yeux du Diamala, c'est la fuite.

« Nous étions arrivés fatigués, quelques-uns d'entre nous sérieusement atteints de fièvre ou de dyssenterie, nous éprouvons une sourde irritation de n'avoir pu mieux réussir, mais tous nous étions prêts à repartir et nous en avions encore l'espoir ; des munitions, des renforts nous seraient envoyés du Baoulé. Nous pouvions être épuisés, nous n'étions pas découragés.

« Ce coup de massue qui s'est abattu sur la colonne nous atteint doublement en atteignant notre chef. Et maintenant une sombre mélancolie plane sur le camp, cette mélancolie qui fait dire :

« A quoi bon ? »

Pour qu'un tel découragement s'exhale de la plume d'un homme comme Baratier, on peut s'imaginer l'amertume qui s'abattit sur tous les nôtres... La très vive sensibilité de Marchand lui fit ressentir douloureusement le coup. Il ne se doutait pas que c'était pour lui une préfigure et que, quelques années plus tard, ce ne serait pas un mois, mais trois ans d'efforts autrement glorieux et fructueux qu'il verrait à son tour anéantir...

Bref, par cet ordre, la France cède la place à ses ennemis déclarés, à ses adversaires dissimulés, et elle abandonne les populations qu'elle s'était engagée à défendre.

Ces malheureux, affolés par la retraite de la colonne, se pressent autour d'elle, entravent sa marche. Les sofas les harcèlent, tuant les hommes, enlevant les femmes et les enfants que nous sommes impuissants à défendre. Le Baoulé reçoit nos troupes à coups de fusil ! Chaque jour le nombre de nos blessés augmente, chaque nuit de nouvelles tombes se creusent.

La colonne s'est, depuis son départ de Kodiokofi, battue sans répit pendant près d'un mois, elle a parcouru à pied plus de 450 kilomètres ; le chiffre de ses morts et de ses blessés est des plus élevé, nombreux même sont ceux qui furent frappés à plusieurs reprises ; rien que pour la 10e compagnie, un effectif de 125 hommes reçut un total de 200 blessures.

L'expédition fut donc une des plus meurtrières que nos annales coloniales aient enregistrées. Seule l'incomparable énergie de son chef, l'aide que Marchand lui apporta par sa connaissance du pays, par le prestige qu'il avait su y acquérir jointe au courage et à l'abnégation de tous, la sauva d'un complet désastre.

CHAPITRE V

LA MISSION MARCHAND DE LOANGO A BRAZZAVILLE

BUT DE LA MISSION. — ÉLÉMENTS. — FAUNE. — FLORE. — HABITANTS. — FORME DE L'EXPÉDITION. — LES LIEUTENANTS DE MARCHAND. — TRANSPORTS. — LA « MANIÈRE » DE MARCHAND. — LE PORTAGE. — PREMIÈRE RÉFORME. — PACIFICATION. — LES BASSOUNDIS ET LEURS CHEFS. — MORT DE MABIALA N'KINKÉ. — LES MILICIENS. — MABIALA MINGANGA. — SCRUPULE DE MARCHAND. — CALME RÉTABLI. — LA VIE REPREND. — LA FLOTILLE RENAIT. — FORT LAVAL. — M'BAMOU. — DERNIÈRES OPÉRATIONS MILITAIRES. — LEURS SUCCÈS. — LE FAIDHERBE. — MARCHAND MALADE. — EN ROUTE VERS L'INCONNU.

Le but initial qui a été assigné à la colonne Monteil semble un moment abandonné, mais l'intérêt que la France aurait à le poursuivre demeure intégral.

Tandis que les Anglais, soutenant le Sirdar Kitchener et guidés par lui, caressent la pensée « du Cap au Caire », pourquoi ne chercherions pas à assurer à nos possessions du Congo et de l'Oubangui un débouché vers l'Egypte et l'Abyssinie qui décuplerait leur valeur?

Marchand qui, dès la première heure, a senti tous les fruits que ce plan grandiose pourrait porter, lutte pour lui avec une telle insistance et sait avec une telle clarté en exposer tous les avantages, qu'il finit par convaincre les plus timorés. Un premier consentement lui est acquis, mais bientôt des hésitations se font jour, des changements surviennent dans les ordres donnés ou les autorisations consenties, dix fois l'écheveau des possibilités et des volontés contraires se débrouille sous la main habile du jeune capitaine, dix fois les fils s'enchevêtrent en un entre-lac inextricable. Mais il lutte, patiente, convainc, et, enfin il reçoit l'ordre de porter nos trois couleurs sur les rives du Nil, jusqu'aux ruines de Fachoda.

C'est toute l'Afrique centrale à traverser avec ses difficultés et ses embûches suscitées tant par sa faune et ses indigènes que par ses terribles éléments.

Le climat d'abord, un des plus dangereux et des plus malsains du globe, est particulièrement hostile. La fièvre guette, qui use rapidement les forces et vient à bout des plus viriles volontés; les maladies qui y traquent le blanc sont presque toujours mortelles : la bilieuse hématurie fait, en quelques jours, de l'homme le plus robuste, un squelette vivant.

La température, en dehors des germes morbides qu'elle diffuse, est par elle-même néfaste. Pendant de longs mois le ciel reste couvert, et cette absence apparente de soleil provoque une atmosphère de serre chaude pénible et néfaste. Absence apparente est le terme exact, car, si le soleil se cache, s'il prive en réalité de ses bienfaits, du moins ses dangers subsistent-ils. Seuls les rayons lumineux demeurent invisibles, les autres, les infra-rouges, dardent obscurément ; leurs effluves sont mortelles, et les malheureux qui, se fiant à l'apparence d'ombre, se laissent aller à quitter leur casque payent cher leur imprudence. Ces infra-rouges sont, comme on sait, les plus puissants créateurs de vie. C'est grâce à eux que la végétation tropicale atteint cette luxuriance prodigieuse qui jette les plantes les unes sur les autres, se pressant, s'étouffant, avec une folle expansion. C'est grâce à eux qu'une case, selon l'expression du colonel Baratier « devient tout-à-coup un poème », une maison vivante dont les poutres bourgeonnent, dont les traverses fleurissent et qui, du bois en apparence mort, font jaillir une sorte de jardin suspendu ; mais c'est grâce à eux aussi que tant de vie européennes se brisent. D'après les effets qui se constatent sur les plantes, on peut juger de l'influence qu'une telle effervescence exerce sur les cerveaux humains, du moins sur les cerveaux européens que leur boîte crânienne, créée pour d'autres latitudes, ne protège que trop imparfaitement. Il faut des esprits et des caractères doublement trempés pour résister à la dépression morale que provoquent les difficultés constantes dont ces régions sont hérissées, et à la dépression matérielle émanant de ces funestes rayons qui, à force d'hypertrophier la vie, finissent par engendrer la mort.

L'eau est aussi excessive dans ses manifestations que le feu du ciel ; les tornades déracinent les arbres, arrachent les tentes ; et les cours d'eaux eux-mêmes sont une succession de chutes et de courants semés de récifs qui, à la moindre inadvertance d'un pagayeur, renversent les embarcations, les éventrent, les brisent.

Celles qui échappent à leur fureur ont à affronter les hippopotames et ne sortent pas toujours indemnes de combats par trop inégaux...

Toute la faune des tropiques est d'ailleurs adéquate à ses éléments, depuis ses panthères, ses lions, ses crocodiles, avides de proies humaines, jusqu'à ses fourmis qui se jettent par centaines sur l'homme endormi, enfoncent leurs pinces longues et fortes dans ses chairs, causant des brûlures intolérables, ses moustiques qui le harcèlent jusqu'à l'épuisement, ses chiques, ses termites, ses sauterelles, etc...

L'indigène ne vaut, hélas ! guère mieux que les forces de la nature, ni que ses frères inférieurs ; sitôt qu'il n'est pas craintif, il devient féroce, en tout cas, pillard et voleur.

On se souvient des enterrements de la Côte d'Ivoire. Au Congo, les mêmes cérémonies se produisent, soit dans les mêmes circonstances, soit pour apaiser quelque esprit mauvais.

Ces pratiques ne sont pas surprenantes en un pays où le trafic humain continue à régner en maître. Le captif de guerre, ses enfants, ses femmes ne sont guère plus que des bêtes de somme qu'on asservit, qu'on vend, — ou pire.

L'anthropophagie n'est pas un vain mot sur les rives du Congo et de l'Oubangui.

Dans de telles contrées, contre de tels éléments, on peut se figurer la lutte que la Mission aura à soutenir et les précautions qu'il lui faudra prendre pour avoir chance d'en triompher. La question la plus difficile à résoudre était celle du mode à employer pour constituer l'expédition. Mais expédition n'est pas le mot propre : L'expédition en effet, qui a pour but la répression ou l'occupation militaire (presque toujours les deux réunies) est une opération guerrière. Or, le rôle que devait jouer la Mission Marchand, bien que composée uniquement de soldats, était avant tout pacifique. Il y avait bien des répressions à faire, puisqu'elle était chargée au passage de rétablir l'ordre dans la colonie, et que sans doute elle se verrait forcée d'en effectuer en chemin pour son propre compte ; mais là n'était pas son but, et cela ne constituait pour elle qu'une des mille et une nécessités infiniment moins importantes que de construire des postes, d'établir un contact amical et durable avec les populations indigènes, et surtout d'arriver la première au point désigné. Pour obtenir tous ces résultats, si étrange la chose puisse-t-elle paraître, il importait avant tout que la Mission fût peu nombreuse, seule condition susceptible de lui assurer la rapidité. La raison en est simple : les transports dans ces pays ne se font en partie que par voie d'eau, par petites embarcations, telles que pirogues et chalands; et le reste du temps à dos ou plus exactement à tête d'hommes. Les charges (de 30 kg. maximum) sont ainsi transportées pendant des lieues et des lieues. Mais il faut nourrir les porteurs et les renouveler, car il va de soi que les mêmes ne peuvent pas suivre la Mission pendant des années. Leur présence d'ailleurs devient inutile et embarrassante dès qu'on trouve un fleuve naviguable. En général, ces hommes sont fournis par les chefs dont ils dépendent, et se chargent de transporter les colis sur les terres soumises à la domination de ce chef ; passée cette limite, il faut trouver d'autres équipes et ainsi de suite (sauf pour le bas Congo où tout le partage de la côte à Brazzaville, soit sur une distance de 500 kilomètres, était le monopole des Loangos, ce qui d'ailleurs, nous le verrons plus tard, avait de multiples inconvénients.)

Bref ces porteurs, ainsi que les tirailleurs, devaient en cours de route se nourrir sur l'habitant. Le commandement leur remettait étoffes et perles (la monnaie du Congo), à charge à eux de s'approvisionner, et là était la seconde raison qui obligeait la Mission à être restreinte. Le Congo est pauvre, les indigènes peu prévoyants, ils peuvent nourrir sur leurs récoltes ou leurs avances quelques dizaines d'hommes, passé cela leurs réserves sont épuisées, leur demander plus ce serait les acculer à la famine.

Les Belges, qui avaient voulu nous devancer, étaient en train d'en faire l'expérience à leurs dépens. Partis avec une colonne de 3.000 hommes, ils avaient semé la misère et la mort sur leur passage. Leur nombre qui, ailleurs, leur eût permis d'aller vite en supprimant tout ce qui leur faisait obstacle, devint, là, une cause de faiblesse, car les réquisitions imposées aux indigènes au delà de leurs possibilités suscitèrent des révoltes qu'on essaya vainement d'étouffer par les mesures les plus rigoureuses. Les soldats affamés se mutinèrent à leur tour, massacrèrent les officiers blancs, et tout se trouva irrémédiablement compromis.

Le projet mûri par Marchand pendant de longues veilles se présentait de tout autre manière. Il connaissait trop bien l'Afrique pour se payer de vains espoirs, et il était trop humain, trop foncièrement bon et créateur, pour vouloir, même au prix de la gloire, devenir un agent de mort.

Il s'arrêta donc à un nombre qui, vis à vis de ces 3.000 hommes, semble utopique et dérisoire. Il décida que 150 tirailleurs, encadrés par 12 officiers et sous-officiers français, suffiraient à l'opération !

La quantité devait se voir compenser par des qualités hors pair.

Ceux qui ont étudié les questions coloniales savent quels merveilleux soldats constituent nos sénégalais quand ils sont formés par des chefs intelligents qui ont su capter leur confiance. Ils l'ont prouvé pendant la grande guerre. A cette époque déjà lointaine où, pour beaucoup, c'était encore un mystère, Marchand et ses lieutenants savaient ce qu'on pouvait attendre d'eux ; c'est parmi les meilleurs d'entre eux que ces soldats furent choisis. Quant aux officiers qui devaient être ses collaborateurs, presque tous s'étaient déjà tissé une large part de gloire dans notre domaine africain : Baratier qui, à la Côte d'Ivoire, menait à bien avec cinq tirailleurs, une mission pour laquelle 50 hommes avaient été jugés nécessaires ; Mangin adoré de ses hommes (à la formation desquels il avait spécialement veillé) (1) et déjà admiré de tous pour son audace réfléchie et sa vaillance et, qui devait devenir, dix-sept ans plus tard, un des plus grands de la Grande Guerre ; Germain, le deuxième officier de la Mission, avait lui aussi donné sa mesure ainsi que Largeau, et le lieutenant Fouque. Enfin venait l'enseigne de vaisseau Dyé dont c'étaient les débuts en Afrique, et le Dr Emily, dont le dévouement égalait la bravoure et qui a laissé un remarquable carnet de

(1) Le général de Trentinian, un de nos plus glorieux gouverneurs du Soudan, qui s'y connaît en bravoure, les lui avait laissé choisir lui-même, en récompense des services exceptionnels qu'il venait de lui rendre dans la colonie.

route, formant avec les notes du colonel Baratier, des documents de haut intérêt.

De tels officiers, secondés par des sous-officiers comme l'adjudant Dat, les sergents Venail, de Prat et Bernard, et le 2e maître Souryi, étaient vraiment dignes de leur chef. Quant à ce jeune chef lui-même, on sait ce qu'on pouvait attendre de lui. Le Paki-Bô de la Côte d'Ivoire, à la fois conquérant et diplomate, doué de l'enthousiasme qui soulève tout et de la patience qui sait lasser les pires malchances, était bien l'homme de ce rôle grandiose.

Ainsi constituée, malgré ses cadres minimes, la Mission formait réellement un noyau, une chose restreinte par ce qu'elle semble être, immense par ce qu'elle peut créer, et qui, hors d'elle, projette la vie et sème la force et l'avenir.

Toutes ces qualités réunies, toutes ces forces et ces volontés galvanisées et coordonnées par une volonté unique, étaient indispensables pour atteindre un but qui, à tout autre qu'à des héros, fût demeuré inaccessible.

Des milliers de kilomètres étaient à parcourir, des régions entières devaient être châtiées ou pacifiées ; il fallait créer des postes, chasser, palabrer, se défendre, convaincre et, par dessus tout, condition vitale, assurer le transport des charges. Même avec le contingent invraisemblablement réduit de 150 hommes elles demeuraient un dangereux problème (1) :

(1) 3049 charges avaient été le minimum que la Mission avait pu emporter, elle partait pour deux ou trois ans, sans possibilité aucune de se ravitailler, il lui fallait donc, non seulement les tentes, les lits, les installations indispensables, la nourriture des blancs, les médicaments, les munitions,

Plus on scrute les difficultés qui se dressaient sur sa route, et plus on a peine à croire que Marchand ait osé tenter pareille tâche et pu la mener à bien avec ses faibles effectifs. Mais plus on y songe, et plus il est facile de se figurer à quel point la diplomatie dût être son arme principale.

Il y eut certes à faire parler la poudre, il y eut des morts à venger, des pratiques inhumaines à abolir ; des embuscades nous furent tendues, des régions nous furent interdites. Comme il fallait punir, il fallait frapper ; comme il fallait passer, il fallait agir. Chaque

les étoffes, la verrotterie, le sel (monnaies seule en cours au Congo) mais aussi les velours, sabres, fusils, galons, etc. qui formaient les cadeaux dont l'espoir, la plupart du temps, conciliait seul les bonnes grâces des chefs.

Le total des charges transportées par les convois de la Mission, de Loango sur le littoral Atlantique à Brazzaville sur le Congo (600 kil.) entre les mois de juin et de novembre 1896, dépassera 17000. Dans ce chiffre, 3000 charges (100 tonnes) seront destinées aux diverses maisons de commerce de Brazzaville, qui n'avaient rien reçu depuis plus d'une année.

Ces transports nécessiteront les services de près de 20.000 hommes recrutés au Gabon.

De Brazzaville, jusqu'aux sources de l'Oubangui et du M'Bamou, la mission transportera 11.400 charges (350 tonnes) soit pour elle, soit pour la colonne du Haut-Oubangui, soit pour les autres missions d'explorations francaises en action à ce moment au centre de l'Afrique.

Enfin, de ce dernier point jusqu'à Fachoda, 3.500 charges (un peu plus de 100 tonnes) seront transportées, sans compter les vapeurs, chalands et pirogues démontables ou non démontables.

En arrivant à la capitale de l'Abyssinie, au printemps de 1899, 3 années après son départ du littoral Atlantique, l'expédition française convoyera encore 350 charges (12 tonnes) de bagages, approvionnements et munitions. Mais elle n'aura plus de bateaux.

Un peu moins de 200 des charges de bagages et divers lancées de Loango (Atlantique) de mai à octobre 1896, parviendront à Djibouti (mer Rouge) le 18 mai 1899. Tout le surplus aura été distribué et réparti sur la route, ou consommé pendant le voyage.

fois que la force fut nécessaire, le capitaine l'employa avec une rapidité foudroyante, frappant un grand coup, châtiant sans pitié les instigateurs des mouvements hostiles, mais épargnant leurs comparses, faisant succéder la clémence à la rigueur, aussitôt qu'il n'était plus possible de la prendre pour de la faiblesse ; jamais, malgré la vivacité de son caractère, Marchand ne sévit sans y être forcé, toujours il cherchait au contraire à comprendre les causes du mouvement hostile, à le réduire par la patience avant de s'en rapporter à la vaillance de ses tirailleurs. Si j'insiste particulièrement sur la manière de procéder du chef de la Mission, c'est que des propos imbéciles jaillissant de sources inavouables, comme tout ce qui cherche à rabaisser et à salir, mais n'en faisant pas moins leur chemin dans certains esprits, se sont efforcés de l'amoindrir, de diminuer la beauté de son rôle. La nation entière, il est vrai, fit justice de ces calomnies, et je pourrais ne les traiter que par le méprisant silence qu'elles méritent, si je n'estimais pas que le silence n'a jamais convaincu personne, non plus d'ailleurs que les protestations creuses et sonores. Seules les preuves fournies par les faits, étayées sur eux et sur la logique, ont une réelle signification. Or, en l'occurrence, leur éloquence est telle que la malveillance ou le parti-pris les plus éhontés pourraient seuls faire semblant de les méconnaître :

Marchand a pacifié le Congo, traversé l'Afrique, rétabli l'ordre, créé des postes, exploré des régions entières, parcouru enfin des milliers de kilomètres avec 150 tirailleurs ! Et encore cette force armée était presque toujours disséminée, ou plus exactement échelonnée, sur des espaces variant de 1.200 à 2.000 kilomètres.

Tandis que certains officiers créaient les postes destinés à assurer le ravitaillement de la Mission et de ses porteurs par la chasse et les échanges, et aussi donner une impression de stabilité sans laquelle nos revendications ultérieures sur le Nil pourraient paraître mal fondées à ceux qui les jugeaient contraires à leurs intérêts, d'autres formant l'extrême pointe de la Mission, ses antennes si l'on peut dire, tâtaient le terrain, apprivoisaient les indigènes et les préparaient à l'arrivée du gros de la Mission, puis allaient encore de l'avant. Les nègres peureux commençaient par s'enfuir et suppliaient qu'on ne restât pas là ; parfois hostiles, ils couraient aux armes. Il s'agissait de se montrer assez ferme pour imposer le respect, mais assez doux et avant tout assez juste pour que la crainte ne fît pas le vide. Les habitants terrorisés, s'enfuyant, refusant de vendre, c'était la famine ; les indigènes molestés, écrasés, c'était la révolte, le massacre probable des quelques hommes qu'on laisserait après soi pour garder le poste. Si la prise de contact et la création de ces postes absorbaient quelques officiers ou sous-officiers, d'autres étaient chargés de tracer les relevés topographiques, de chercher les meilleures routes à suivre ; d'autres encore de faire évacuer les charges et d'en assurer le transport. Tout cela, comme on le voit, formait des petits paquets extrêmement disséminés et ne laissait en groupes que des forces des plus restreintes.

Or, quand on est une dizaine ou une vingtaine d'hommes contre plusieurs centaines de gens, mal armés c'est vrai, mais ayant pour eux le nombre, les embuscades si faciles en la brousse traîtresse, et les possibilités de vous affamer et de vous cerner, on peut aisément se rendre compte que, même désirée, la brutalité se voit éliminée par la plus élémentaire prudence. Mais elle l'était aussi, et cela on ne saurait trop y insister, par l'âme même du capitaine Marchand.

C'est plus encore par sa patience et sa justice, par son étrange puissance de convaincre, par une volonté sachant surmonter des fatigues inouïes, et par une abnégation de tous les instants, que par ses brillantes vertus militaires, que Marchand sut triompher de tous les obstacles avec le minimum de pertes et de heurts.

Les faits seuls louent, dit-on avec raison. Eh bien! ces faits nous allons nous pencher sur eux, nous allons voir le pays tel qu'il était quand le jeune capitaine mit le pied sur la terre congolaise et, pas à pas, nous suivrons son œuvre, nous verrons les moyens employés, la tâche accomplie; nous verrons s'il sut, oui ou non, incarner la France, s'il fut le soudard ou le héros, celui qui tue ou celui qui crée.

Quand Marchand débarqua au Congo, le portage y était arrêté : les Loangos (ces cheminots de la colonie) étaient en grève, la situation si grave, que M. de Brazza, commissaire-général, le chargea de rétablir l'ordre, lui donnant « le commandement de la route et de tout le pays insurgé » et l'autorisant à y déclarer l'état de siège.

Un des premiers gestes de Marchand, qui prit l'importance d'une révolution, fut d'abolir le monopole du portage. Le portage avait jusqu'alors été le privilège des seuls Loangos, et favorisait naturellement les commerçants qui les employaient. Or 500 klm, soit 1.000 aller et retour, séparent la côte de Brazzaville. Plus ces Loangos, qui n'avaient eu d'abord qu'à traverser des populations amies, s'éloignaient de la côte, et plus ils se heurtaient à des hostilités diverses. Ici, ils étaient affamés ; on se refusait à leur vendre la manioc indispensable à leur subsistance, afin de les inciter au vol dont aussitôt on se vengeait en leur consfisquant leur charge ; là ils étaient odieusement traqués : le terrible Bassoundi, grand détrousseur de caravanes, les guettait comme le chasseur sa proie, et ils ne parvenaient à lui échapper que par les détours les plus subtils, presque toujours les marches nocturnes. Si bien, qu'avides du gain, mais découragés par les difficultés qu'il fallait vaincre pour l'acquérir, nombre d'honnêtes Loangos prenaient les charges qu'on leur confiait avec mission de les porter à Brazzaville, recevaient le tiers de leur salaire destiné à assurer leur subsistance, faisaient 15 ou 20 kilomètres, jetaient leurs charges dans la brousse, et revenaient à Loango, solliciter un nouveau portage en s'engageant sous un autre nom.

Marchand comprit de suite que ce monopole, joint à l'insécurité du chemin, était la cheville ouvrière de toutes ces pertubations. C'est pourquoi, dès son arrivée, il avait supprimé ce monopole d'un trait de plume et établi aussitôt des postes en plein centre des régions révoltées.

Etendre à toutes les populations le droit de porter avait une importance morale énorme. Le chômage n'est-il pas, même chez les nations civilisées, la source des pires excès? Et tout être humain n'est-il pas incité à prendre ce qu'on ne lui permet pas de gagner? En outre, le fractionnement de la route par étapes assurerait à ce travail une sécurité presque absolue, puisque chaque équipe ne se trouverait guère plus en contact qu'avec des peuplades amies ou voisines. La présence des postes parerait à toute éventualité hostile, elle assurerait aussi le ravitaillement des caravanes par la chasse, la culture, ou les achats faits aux indigènes, ce qui aurait le double avantage d'assurer leur subsistance, et de l'assurer à un taux infiniment moins onéreux pour le gouvernement que la combinaison précédente. Leur sécurité et leur subsistance n'étant plus précaires, les porteurs ne manqueraient plus de venir en nombre, et de rudes souffrances seraient évitées tant à nos compatriotes qu'aux indigènes, car chaque porteur tué, chaque charge volée risque, par choc en retour, de priver explorateurs et agents du Congo de médicaments, munitions, matières d'échanges ou autres attendus parfois avec angoisse, et dont des vies françaises peuvent dépendre.

Après l'émotion première que cause toute réforme, si salutaire puisse-t-elle être, d'abord parce qu'elle lèse toujours quelques intérêts, — les abus ayant inmanquablement leur source dans les profits qu'en tirent quelques-uns; — ensuite, parce que la masse, moutonnière d'instinct, a horreur de tout ce qui apporte un changement à ses habitudes, les bienfaits de ce nouvel état de choses ne tardèrent pas à se révéler. Moins de six mois après sa mise en vigueur, les charges, qui s'entassaient mélancoliquement dans les magasins de Loango et que personne n'espérait plus voir se mettre en route, étaient déblayées. Marchand avait trouvé plus de porteurs qu'il ne lui en était nécessaire, et fait transporter au Stanley-Pool, c'est-à-dire jusqu'à Brazzaville, tout ce qui était resté en souffrance. Il avait ainsi mis en route non seulement les colis de sa Mission, mais encore 500 colis de la colonie, dont beaucoup, attendus dans l'Oubangui depuis plus d'un an, allaient enfin porter à ceux qui ne les espéraient plus un peu de ce strict nécessaire dont on manque tant en pareilles régions.

La création des postes et la répression des bandits avaient achevé ce que la suppression du monopole de portage avait si heureusement commencé. Situés au cœur même des pays révoltés, ces postes avaient vu flotter nos trois couleurs jalousement gardées par un officier et quelques Sénégalais. Les difficultés du premier contact aplanies, les indigènes s'apprivoisaient, livraient presque toujours les instigateurs de révolte, et le contact journalier s'établissait. Les marchés s'installaient, les routes et les chantiers se créaient, la vie enfin sourdait de ces solitudes, et les pratiques barbares, comme l'anthropophagie et les supplices, reculaient devant notre intervention. Dans beaucoup d'endroits, l'évolution fut pacifique. En d'autres, il fallut sévir, principalement chez les Bassoudis, qui continuaient à tuer nos porteurs et à attaquer traîtreusement nos postes

De l'avis général des coloniaux congolais, pacifier ces peuplades était impossible, et la sécurité ne saurait être assurée que par leur complète extermination. Marchand trouva le moyen par trop radical et, comme toujours, s'efforça de découvrir la source du mal, espérant ainsi en tarir les causes. Il apprit bientôt que, si l'hostilité des Bassoudis était évidente et méritait une sévère leçon, elle était due surtout à leurs deux chefs Mabiala Miaganga (Mabiala le Grand) et Mabiala N'Kinké (Mabiala le petit), nos irréconciliables ennemis. Tous deux jouissaient d'une influence énorme, le premier surtout, grand féticheur, en communication constante avec les esprits, renforçait son autorité par la terreur superstitieuse qu'il inspirait à ses sujets, et se révélait le maître incontesté et redouté de toute la région Bassoudis.

De nombreux crimes étaient à l'actif des deux brutes, entre autres l'assassinat, resté impuni, de notre administratrateur, M. Laval. Crime impuni, sous toutes latitudes, est synonyme de faiblesse; chez les primitifs il incite à la récidive et avait en l'occurrence grandement ajouté à l'arrogance des Bassoudis.

Quand le capitaine Baratier, chargé par Marchand d'opérer en cette région, se présenta chez eux avec l'intention de s'y établir, Mabiala N'Kinké lui fit incontinent intimer l'ordre d'aller plus loin; sur le refus du capitaine, le sommant au contraire de se présenter à lui selon la coutume, « Mabiala ne se dérange pas pour un blanc » fut la peu protocolaire réponse.

Espérant que la nuit lui porterait conseil, et désireux de ne rien brusquer, notre officier n'insista pas; mais le lendemain, le chef se montrant de loin au milieu de ses guerriers en armes, il tenta de « palabrer ». Peine perdue: aux premiers mots qu'il prononça, les soldats de Mabiala N'Kinké tirèrent sur les nôtres. La risposte fut immédiate, et le capitaine, s'étant fait désigner le chef rebelle, l'abattit de sa propre main. Les noirs, consternés, se dispersèrent. De ce côté, nous étions vainqueurs, mais nous ne tenions pas encore l'autre Mabiala.

Ce dernier était fort difficile à approcher ; il habitait, disait la voix de la renommée, tantôt l'une, tantôt l'autre de deux cavernes cachées en des ravins abrupts, d'accès à peu près inaccessibles. Mais où ?

Comme Marchand cherchait le moyen de s'emparer de ce redoutable adversaire, il finit par découvrir un guide qui s'offrait à nous mener jusqu'au repaire du brigand ; la proposition fut acceptée et il fut convenu que le soir même le capitaine Baratier tenterait l'expédition.

Marchand se trouvait encore à Balimoéké, où il était venu en hâte de Kimbédi, appelé par une révolte de miliciens.

Son arrivée et celle de ses tirailleurs avait suffi à rétablir l'ordre, mais une sanction s'imposait. Le capitaine connaissait bien ses miliciens pour avoir obtenu d'eux, à la Côte d'Ivoire, des services dont seuls les réguliers s'étaient jusqu'alors montrés capables. Il se promit de leur infliger un châtiment qu'ils n'oublieraient pas de sitôt : ayant ordonné leur rassemblement, il leur fit part de l'expédition décidée pour la nuit même, leur dit que, précédemment, c'était eux qu'il avait désignés pour l'accomplir. Or, leur conduite était un scandale, indigne de véritables soldats. Vu la proclamation de l'état de siège, il avait le droit de les châtier, de les faire passer par les armes. Il leur faisait grâce. Mais puisqu'ils n'avaient pas agi en soldats, il ne se battraient pas comme tels cette nuit; les Sénégalais prendraient leur place; eux, les miliciens coupables, « n'avaient plus qu'à rompre les rangs ».

Ce châtiment produisit l'effet qu'il en attendait. Le combat, pour ces hommes, est toujours une fête; s'en voir frustrer est la pire déception. Leur honte fut telle que, longtemps après le départ de « Paki-Bô », ils parlaient encore avec stupeur de cette expédition manquée par leur faute, et longtemps leur service fut accompli avec une régularité dont on ne les croyait pas capables.

A la nuit noire, le capitaine Baratier, accompagné de vingt tirailleurs, se mit donc en marche.

La caverne qu'habitait le grand féticheur était bien digne de sa renommée: surplombée de blocs de rochers, elle comportait d'abord une salle fort basse où s'entassaient les fétiches chargés de défendre le sorcier; puis, par un couloir étroit, elle s'enfonçait brusquement dans le sol, comprenant sans doute des pièces souterraines. Baratier réussit à la faire cerner sans donner l'éveil à ses occupants, mais la baïonnette d'un Sénégalais, ayant heurté un caillou, le choc réveilla Mabiala; bientôt un coup de feu partit du repaire. Il était cerné, mais l'entrée en restait inaccessible, un seul homme pouvant s'y présenter de front; le sorcier fusillait un à un, sans se découvrir lui-même, ceux qui tentaient de violer son asile. En outre, embusqué dans son couloir, il pouvait sans en sortir et sans être vu, tirer sur nos sentinelles, si bien défilées qu'elles soient. Bientôt cinq tirailleurs furent hors de combat. La situation était intenable; le capitaine, à tout hasard, avait apporté de la dynamite. Il fit crier par son interprète que, si Mabiala n'était pas seul, ceux qui l'accompagnaient pouvaient sortir, grâce leur serait faite de la vie, mais qu'ils se hâtent, car le « tonnerre des blancs » allait tout détruire.

Aucune réponse. L'appel, plusieurs fois réitéré, fut suivi du même silence. Alors le capitaine se décida : Une formidable explosion secoua le sol, déchira l'air... Sauf quelques blocs, le rocher avait résisté et il ne restait plus de dynamite ! En revanche, l'explosion avait mis le feu à la brousse, une litière de paille couvrait la première pièce de la caverne. Que le feu s'étendit de ce côté, et le grand féticheur expierait ses crimes, un immense prestige en rejaillirait sur nous, toute la région serait pacifiée. Notre échec, au contraire, serait le signal de nouveaux massacres : par le fait de nous avoir échappé, grâce incontestablement à ses fétiches, Mabiala Minganga acquerrait auprès des indigènes une puissance quasi fabuleuse. Le feu était là, quelques fagots jetés vers l'antre et tout serait consommé... Mais des pas pressés retentirent : Marchand passait sur la route quand le « tonnerre » avait éclaté. Craignant un malheur, il s'était lancé au pas de course droit vers le panache de fumée. Il arrivait juste au moment où les fagots lancés devant la grotte allaient enfin être allumés.

Les deux chefs se regardèrent : l'incendie était-il vraiment arme de soldat ? Pendant quelques secondes une hésitation les rendit muets. Marchand, pensif, s'interrogeait. Ce scrupule, peut-être excessif, pouvait-il être mis en balance avec nos morts à venger et nos vivants à préserver ? Son âme à lui s'arrêtait au scrupule, les noirs, eux ne verraient que l'échec : « Allez ! fit-il ! Allez ! »

La flamme jaillit et rampa...

Quelques heures plus tard, des tirailleurs qui pénétrèrent dans la caverne se heurtèrent à un cadavre. Mabiala, étouffé par la fumée, avait sans doute voulu sortir ; mais il s'y était résolu trop tard, l'asphyxie avait fait son œuvre et il gisait sans vie au milieu de ses fétiches calcinés.

L'immense prestige que nous valut cette aventure victorieuse suffit à démontrer le tort que nous aurait causé son échec. Mais l'instant d'hésitation devant cette arme qui lui semblait indigne de lui, ce scrupule à l'égard d'un bandit qui ne méritait aucune pitié, prouvent à quel point le respect de ses devoirs d'humanité, fût-ce envers ses pires ennemis, est ancré au cœur de ce soldat, et à quel point son âme a peur de déchoir. Ainsi certaines nuances, un silence, un soupir, une ébauche de geste éclairent parfois les mystères que toute personnalité comporte plus que de grandes phrases ou même de grands faits. C'est une chose infiniment petite dans une carrière comme celle de Marchand que cette hésitation d'une seconde, mais elle jette un jour si clair sur sa physionomie, elle révèle à la fois tant de hauteur d'âme et tant de noblesse, qu'il sied de la signaler avec une insistance particulière.

La victoire de Paki-Bô sur Mabiala Minganga eut un tel retentissement dans tout le Congo où elle se répandit comme une traînée de poudre, que la pacification s'acheva promptement. Les quelques chefs, d'importance secondaire, qui restaient à réduire, principalement du côté de M'Bamou furent livrés ou pris.

Grâce à Marchand, la colonie enfin retrouvait le calme, tout au moins dans la région soumise à son autorité; car l'administrateur de Brazzaville, M. de Kerraoul, avait instamment demandé et obtenu de rester seul maître du Congo sud, et, de ce côté, des révoltes couvaient; mais le héros de ces pages n'avait pas à s'en occuper.

Partout ailleurs, non seulement l'ordre absolu était rétabli, mais la vie jaillissait et chantait avec une recrudescence prodigieuse. Les porteurs, rassurés par nos victoires, reprenaient courageusement leurs mouvements et sillonnaient routes et sentiers. Les caravanes se faisaient de plus en plus nombreuses, les marchés semblaient des fourmilières : « Un marché qui réussit, dit avec raison Baratier, rapporte plus qu'un combat glorieux ».

Répondant plus directement encore au but réel de la Misssion, la stabilité était assurée, qui nous donnait droit à revendiquer hautement les terres où notre pavillon n'allait pas tarder à flotter. De nouveaux postes étaient créés à Kimpazou, M'Bamou et les anciens (comme Makabendiélou devenu à Fort-Laval en mémoire de l'Administrateur victime de Mabiala) étaient rendus méconnaissables. Là une maison en bois bâtie sur pilotis, ornée d'une vérandah protégée par des stores de bambous à 0.90 du sol fut substituée aux anciennes cases. Les sentiers étaient devenus des routes et, sur le marécage qu'il fallait traverser pour atteindre le poste, était jeté un pont de 60 mètres. M'Bamou offrait aussi un exemple de ce qu'on peut accomplir avec des lieutenants industrieux, désireux de se montrer dignes d'un chef aimant l'initiative et avide de la provoquer plutôt que de la retenir.

C'est le lieutenant Mangin qui, dans les quatre mois qu'il y stationna avec sa compagnie soudanaise chargée de relier le Niari au Stanley-Pool (Congo), créa de toutes pièces le grand poste, les jardins et les vastes plantations de M'Bamou, grenier d'abondance de l'expédition et de ses convois pendant la durée de son séjour au Gabon-Congo.

« M'Bamou est à la hauteur de ce que j'ai entendu dire, note le colonel Baratier, c'est une véritable petite oasis avec ses bouquets de palmes abutant des cases de formes variées que Mangin, en artiste, n'a pas voulu construire sur le gabarit de la paillote caserne ; il ne les a pas non plus alignées les unes en face des autres, elle se disséminent comme un petit troupeau à l'ombre des feuilles recourbées. »

De chaque côté du camp, sur une longueur de plusieurs kilomètres, la route a été élargie.

Presque au sortir du poste, la route de Brazzaville traverse un ravin abrupt au fond marécageux de 50 mètres de large sur 6 à 8 mètres de profondeur ; sur cette tranchée, Germain a construit un pont immédiatement baptisé pont Alexandre III. Une véritable charpente supporte le tablier ; des troncs d'arbres grossièrement équarris forment décharges, entretoises, croisillons ; c'est un véritable travail d'art.

« Enfin, au centre du poste, l'homme de science a uni sa signature sous forme d'un cadran solaire. »

D'autre part toute la comptabilité était en ordre, toutes les charges arrivées à destination, la flotille du haut-Oubangui était reconstituée ; les pauvres chalands et baleinières qui depuis des mois échoués ou « en caisses » semblaient condamnés à une éternelle inaction, Marchand les avait exhumés ; après avoir fait réparer ceux qui étaient réparables et extirper de leurs caisses ceux qui s'enfonçaient dans l'oubli, il les avait remis en circulation. Le Jacques d'Uzès avait été reconstitué après que tous les morceaux épars sur la route eurent été rassemblés à Kimbadi. Trois chalands qui restaient sur les cinq (deux étant rongés par la rouille au fond d'un magasin) étaient eux aussi sortis de leur inactivité. Mais tout cela ne suffisait pas pour constituer l'expédition. Maintenant il allait falloir dépassser le Pool, gagner l'Oubangui, puis le Soueh, premier confluent du Nil. Encore quelques préparatifs à faire et la Mission prendrait un nouvel essor.

Avant de mettre la dernière main à ces préparatifs, une suprême opération militaire incombait à Marchand :

Le Congo sud, région de Comba, dont M. de Kerraoul l'avait si soigneusement tenu éloigné, se réveillait soudain en pleine révolte. Brazzaville s'inquiétait, le directeur n'osait encore avouer son impuissance, mais toutes les autres « autorités de la ville » insistaient pour qu'une intervention militaire ait lieu. Les événements donnaient tellement raison à Marchand qu'il eût pu triompher ou se dérober... il n'en fit rien, et consentit à exécuter la répression demandée, à condition pourtant que M. de Kerraoul se joignît aux autres pour la réclamer.

Après avoir confié à ses officiers les premières opérations, tandis qu'il se rendait en 60 heures de Brazzaville à Kimbédi (soit à 200 kil. de là) où il avait différentes questions à régler, Marchand revenait dans la première quinzaine de décembre. Il donne lui-même les détails de cette colonne dans une lettre au capitaine Baratier :

«... Le 16, comme vous le savez, j'étais parti de Kimbédi à neuf heures du matin. A huit heures du soir, j'étais à Comba d'où je repartais à minuit et demi pour être à sept heures du matin à Misafo, après une route horrible dans l'obscurité et dans l'eau.

« Le soir même, à onze heures, j'entrais à M'Bamou où je trouvais l'administrateur de Kerraoul en tournée, avec le directeur de l'intérieur, M. Rousset ; le docteur Foutrain était là, venu de Brazzaville pour soigner l'adjudant de Prat atteint d'une bilieuse très grave. Germain, lui, était remis.

« Le 18, par courrier rapide, j'envoyais à Mangin l'ordre d'être le 20, à huit heures du matin, au marché de M'Tila Voula (le grand marché du Sud). Même ordre à Brazzaville pour un détachement de 15 tirailleurs commandé par Morin.

« Le 19, à midi et demi, départ de M'Bamou avec Leymarie, cinquante tirailleurs et miliciens, de Kerraoul, Rousset et Foutrain nous accompagnent.

« Le 20, à huit heures précises, après une marche de quarante kilomètres au clair de lune, nous arrivons au marché de M'Tila Voula, ayant traversé le pays de Tensi du nord au sud sans avoir été signalés. A ce moment résonnent les clairons des 55 tirailleurs de Mangin, et de la route de Brazzaville débouchent les quinze tirailleurs de Morin.

« La concentration est faite. Cent trente hommes sont rassemblés au centre du pays insurgé.

« Vingt-quatre heures sont accordées aux chefs pour faire leur soumission. Tous viennent, sauf Tensi. Le 21, à une heure après-midi, le camp est levé ; à cinq heures, les villages du groupe Sud du territoire de Tensi sont occupés et détruits. A dix heures du soir, nous repartons. Après une étape de 30 kilomètres, par des sentiers détournés, les villages du groupe Nord sont surpris à l'aube et détruits ; un seul se soumet, N'Téguélé, il est épargné.

« Le 22, dans la nuit, le mouvement reprend, nous tombons sur le groupe Ouest et capturons un chef important. Le soir du 23, nous faisons halte à Ta-Bimbé, j'y laisse un poste de soixante tirailleurs.

« A Kimpanzou, situation bonne. Les transports n'ont pas été interrompus, les 3.000 charges de Toumba sont près d'être entièrement évacuées. Emily est là, retour de Manyanga, où l'avait appelé l'état grave de Simon actuellement hors de danger.

« Le 24, à quatre heures du soir, nous repartons de Kimpanzou pour entrer à quatre heures et demie du matin, le 25 (quel réveillon !) au poste de Ta-Bimbé. Je voulais repartir tout de suite, mais les tirailleurs étaient dans un état de fatigue que vous pouvez imaginer. Je les ai laissés dormir, et nous avons tous fait comme eux pendant près de vingt-quatre heures.

« Ce matin, 26, je suis parti avec trente tirailleurs et suis arrivé à M'Bamou à 1 heure et demie. Cette route est tout simplement superbe, constamment sur une arête doucement ondulée, complètement dénudée; herbe courte et grasse à droite et à gauche ; à pic, des vallées magnifiques en contre-bas de 200 mètres bariolées de forêts et de villages. C'est splendide. Et les 40 kilomètres sont pareils, merveilleux de pittoresque, merveilleux aussi comme ligne stratégique entre les deux routes du nord et du sud.

« Des ordres de préparation à évacuer sur Brazzaville sont donnés partout. Venez vite. »

Pendant que s'accomplissent les dernières opérations militaires, les préparatifs pour la marche en avant s'effectuent déjà sous sa direction ; là encore il se heurte à des difficultés qui, à une volonté moins ferme, sembleraient sans doute insurmontables.

Parmi tous les tours de force qu'il s'impose, aucun peut-être ne tient plus du prodige que le transport mouvementé du *Faidherbe.* Pour porter les charges de la Mission sur le M'Bamou, puis sur le Nil, un petit vapeur est indispensable. La colonie en possède un seul, le *Faidherbe* ; Marchand le réquisitionne ; mais si sur certains points les bateaux peuvent naviguer, sur d'autres la baisse des eaux leur rend toute avance impossible ; il faut alors les démonter et les transporter à têtes d'hommes. Or, le *Faidherbe* n'est pas démontable, il semble donc tout à fait impossible de l'utiliser.

Le capitaine Marchand ne se laisse pas arrêter pour si peu : l'un après l'autre on fera sauter les rivets du bateau ; on le séparera par tranches constituant des charges normales, et il pourra ainsi aller son chemin. Seule la chaudière reste faire obstacle, aucun chariot n'est assez solide pour la transporter et d'ailleurs aucune route n'existe en dehors des sentiers indigènes naturellement trop étroits pour que le convoi puisse y passer. Eh bien ! cette route on la construira, large de 5 à 6 mètres, et cela sur une longueur de 200 kil. (soit sur une distance un peu supérieure à celle de Paris à Verdun). Des rondins de bois seront posés sur cette piste, les porteurs pousseront, traîneront la chaudière, et après de longs jours d'efforts, elle arrivera quand même jusqu'aux rives du Soueh, le premier affluent du Nil, où le petit bateau reconstitué arborera enfin le pavillon français pour tenter la grande aventure.

Mais pendant que ce travail s'opère, il faut à la Mission d'autres navires pour franchir les 1.000 kil. qui séparent Brazzaville de Bangui. La « flotille du Congo français » est naturellement insuffisante, les deux vapeurs que la maison hollandaise met à sa disposition le sont également. Outre les membres de la Mission, une partie de l'approvisionnement du haut Oubangui (notre base d'opérations vers le Nil) reste à transporter. Les vingt-cinq tirailleurs que M. Gentil attend au Chari doivent être également emmenés ainsi que les fameuses charges de cette mission dont Marchand a assuré le passage jusqu'à Brazzaville, et aussi d'autres colis attendus dans la Sangha. Seul le colonel Wahys, gouverneur du Congo belge, qui possède plusieurs vapeurs et une organisation puissante, peut efficacement nous aider. Si pénible que soit cette solution, c'est la seule possible. Marchand se décide à l'accomplir. « La France, comme le remarque tristement Baratier, avec son droit de préemption, est forcée d'implorer la Belgique ! »

Avec une bonne grâce au-dessus de tout éloge, le colonel belge met à notre disposition la *Ville de Bruges*, le plus important de ses vapeurs. Deux voyages lui suffiront pour transporter toute la Mission et toutes les charges qui ne peuvent trouver place sur les petits navires hollandais.

Le 23 janvier, la *Ville de Bruges* appareille; le 24, à 8 heures, elle emporte Germain, Mangin, Simon, le Dr Emily, de Prat et cent deux tirailleurs. Onze cents charges remplissent ses cales; de plus elle traîne à sa remorque un des « rescapés » de Marchand, le grand chaland en aluminium *le Pleigneur*, qui rendra de nombreux services à la Mission dans le haut Oubangui et emporte déjà dans ses flancs de nombreuses charges et une partie des Sénégalais.

Marchand, lui, ne quittera Brazzaville (où il reste avec Baratier, Landeroin et cinq tirailleurs) que dans les premiers jours de mars, après que la *Ville de Bruges*, revenue de son premier voyage, en effectuera un second. Tandis que ses lieutenants s'échelonnant sur les principaux points du parcours, s'occuperont du transport des charges, il règlera, travail considérable, toute la liquidation financière : il tient à ce que tout soit rigoureusement en ordre avant son départ. Il veut aussi s'assurer personnellement que le calme est rétabli d'une façon stable et que, malgré le départ des tirailleurs, les caravanes peuvent désormais circuler sans risque. « Il veut, en s'éloignant, emporter la certitude que le Congo n'aura rien à lui reprocher. Il n'a pas seulement travaillé pour lui-même, en travaillant pour le Chari et pour la Sangha. Il a peut-être fait plus que son devoir, il estime n'avoir fait que son devoir ».

Quand il part à son tour sur le vapeur belge, il est dans un tel état de faiblesse qu'on doit l'allonger sur un matelas, mais une grande allégresse peut remplir son âme, car son rôle de pacificateur est entièrement accompli et le résultat obtenu dépasse toutes les espérances. Pas une charge ne reste en arrière ; grâce à lui, la Mission Gentil sera ravitaillée en hommes et en vivres, le lac Tchad verra pour la première fois flotter les couleurs de la France ; grâce à lui la résurrection des bateaux redouble l'intensité du trafic. Du pont où il est allongé, il peut apercevoir le *Jacques d'Uzès* et les chalands qui, sans lui, auraient achevé de pourrir dans quelque fond de magasin. Encore une fois le « dieu Paki-Bô » s'est montré digne de son nom ; après avoir ouvert les routes terrestres, il ouvre la voie fluviale, et il va encore en ouvrir bien d'autres. Maintenant que le premier chapitre de sa Mission est clos, il faut en hâte tracer le second ; atteindre le Nil, gagner Fachoda ; il est en route, il va vers l'avenir ; déjà les yeux agrandis par les veilles semblent voir le but.

En attendant, la fièvre étend sur lui sa griffe, une fois de plus la « lame a usé le fourreau » l'excès des fatigues demandés à son corps par son âme va paraître briser ce corps. Une fois de plus sa volonté triomphera du mal. Et l'image de cet homme trahi par ses forces au moment où des efforts suprêmes vont lui être nécessaires ; terrassé, mais partant quand même et *arrivant* c'est, on peut le dire, Marchand tout entier.

CHAPITRE VI

LA MISSION MARCHAND

II

FACHODA

VERS LE NIL. — CRÉATION DE NOUVEAUX POSTES. — LA BAISSE DES EAUX. — EXPLOITATION. — PRISE DE KARTOUM. — BRUIT DE MASSACRE. — LES DJINGUÉS, — MORT DE GOULY — FATIGUES DE MARCHAND. — RETOUR DE BARATIER. — MARCHES. — CONTRE MARCHES. — INSPECTION DE MARCHAND. — ÉPUISEMENT. — FIÈVRE. — ÉTAT INQUIÉTANT. — EN AVANT, QUAND MÊME. — LE MARAIS. — LE BAR-EL-GAZAL. — FACHODA. — PRISE DE POSSESSION AU NOM DE LA FRANCE. — JOIES. — INQUIÉTUDES. — LES DERVICHES. — LE FAIDHERBE. — TRAITÉ D'ALLIANCE. — LES ANGLAIS. — ENTREVUE DE MARCHAND ET DE KITCHNER. — ATTENTE. — MARCHAND PART AU CAIRE. — LES ANGLAIS JUGÉS PAR LUI. — AVANTAGES QUE POUVAIT AVOIR LA MISSION. — ORDRE D'ÉVACUER. — DÉPART. — DOULEUR DES EGYPTIENS. — REGRETS DES INDIGÈNES. — A NOUVEAU VERS L'INCONNU. — EN ABYSSINIE. — ACCUEIL CHALEUREUX. — THESSAMA. — A ADDIS-ABBÉBA. — MÉNÉLICK. — SUPRÊME DÉCEPTION. — A DJIBOUTI. — EN FRANCE. — RENTRÉE TRIOMPHALE. — ADMIRATION. — BASSESSES. RÉSULTATS DE LA MISSION.

Jetée comme un filet sur tout l'Oubangui, l'activité de la Mission y étend ses multiples réseaux.

Les postes se créent, les charges circulent, baleinières, chalands et pirogues rivalisent d'activité. Bondjos, Bangiris, Yakomas frappant l'eau de leurs pagaies au rythme étrange de leurs mélopées, sillonnent pendant des mois fleuves et cours d'eau pour le compte des vainqueurs blancs.

Tous ceux qui jusqu'à ce jour ont traversé la région ou même y ont séjourné, ont affirmé que, passé Bangassou, toute navigation devient impossible. Mais le M'Bamou ne s'arrêtant pas là et étant lui-même, prolongé par la Méré, Marchand ne renonce pas à tout espoir, il envoie Baratier en exploration et ce dernier parvient en effet, aux prix de mille difficultés, à faire remonter les convois « jusqu'au pied des contreforts qui ferment le bassin du Congo » évitant ainsi une perte de temps considérable. Là, toute navigation devient réellement impossible et le restera jusqu'à ce qu'on ait pu atteindre le Soueh, premier affluent du Nil. Deux cents kilomètres s'allongent entre ces deux points.

Sur ce parcours il faut donc à nouveau faire appel aux porteurs. Les postes qui s'échelonnent sur la route s'emploient activement à en réunir. Pendant ce temps, les officiers arrivés sur le Soueh font réajuster la coque du Faidherbe, tandis que sa chaudière, surveillée par l'enseigne de vaisseau Dyé, chemine lentement sur la voie créée à son intention.

Ce n'est plus dans le Congo de Brazza, ni dans l'Oubangui de Liotard, c'est, selon l'heureuse expression du Dr Emily, dans « ce qui va devenir le Nil de Marchand » que la Mission va maintenant s'aventurer.

De nouveaux postes surgissent de la brousse, c'est Poste Arsenal sur la rive gauche du Soueh, plus loin, Fort-Dessaix et le poste des Rapides. Mais un contre temps qui peut être gros de conséquences stabilise l'effort : la baisse des eaux retiendra le Faidherbe au poste des Rapides pendant six longs mois, et toute la Mission se verra pour la même cause arrêtée aux rives du Soueh pendant le même laps de temps.

C'est seulement en mars (1898) qu'elle pourra dépasser Fort Desaix!

Belges et Anglais ne vont-ils pas profiter de ce retard pour nous devancer? Le succès de la Mission est en jeu et les seules armes qui lui restent en cette circonstance sont l'espoir et la patience. Piètres ressources pour ces hommes d'action! C'est pourtant un résultat que l'installation de ce dernier poste en pleine région déclarée ennemie. Installation pacifique, effectuée sans un coup de fusil, au milieu de peuplades particulièrement farouches.

Mais, si du côté des indigènes, malgré quelques à-coups inévitables tout va momentanément au gré de nos intérêts, bêtes et éléments continuent à nous être contraires. La navigation difficile toujours devient particulièrement dangereuse pendant la baisse des eaux, récifs et herbages multiplient les pièges et les hippopotames foisonnent. Le capitaine en a compté jusqu'à des centaines dans les mêmes parages; et leur « offensive brusquée » s'est déclanchée avec une telle rage, que la coque de l'*Etienne* a été défoncée à coup de dents. En outre les renseignements sur certains passages du Soueh sont d'une insuffisance absolue. Une exploration s'impose. Dans le courant de janvier, Baratier muni de quinze jours de vivres, accompagné de l'interprète Landeroin et de vingt hommes, part donc pour la Mechrâ el Reck.

Pendant ce temps, Marchand qui s'est reposé de sa fatigante navigation par une tournée chez les N' Golos et les Djinghés du nord-ouest fait, dès son retour à Fort-Desaix, exécuter d'importants travaux, Il entend que ce poste donne une impression de stabilité absolue. Installé sur la rive gauche du Soueh, en aval du confluent du Soueh et de la Waou, le point qu'il tient est important : Il se trouve à 25 kil. environ de l'ancienne Zériba de Kourtchouk-Ali.

Si l'intérieur du poste qui comprend une bibliothèque n'est pas oublié, si la création du jardin potager qui l'entoure est activement menée, si les chantiers de construction de pirogues installés par Mangin quand il posa les premiers jalons de ce poste sont en pleine activité, sa sécurité fait l'objet des travaux les plus importants ; un fortin retranché est construit, susceptible de servir d'abri en cas d'attaques, non seulement de la part des indigènes, mais encore de celle des derviches dont l'armement très supérieur exige des défenses plus importantes.

En réponse à cette activité qui mériterait un meilleur sort, les mauvaises nouvelles abondent : en février, la prise de Kartoum par les Anglais est annoncée. S'il en est ainsi, ces derniers ne tarderont pas à descendre sur Fachoda, ruinant toutes nos espérances. D'autres bruits veulent que des Turcs (ce qui signifie simplement une armée régulière) sont arrivés à Ayac... Sont-ce des Anglais, sont-ce des Belges ? N'importe, ce ne peut-être, en tous cas, que l'un ou l'autre de nos compétiteurs.

Marchand inquiet veut parer à toute éventualité. Il envoie Mangin pousser une nouvelle pointe et ordonne divers autres mouvements, sinon pour parer le coup, ce qui est impossible, du moins pour en restreindre les conséquences. Mais toute action sera particulièrement pénible en cette saison de chaleur excessive qui rend l'eau rare dès qu'on s'éloigne des cours d'eau.

Une autre nouvelle d'un autre ordre, mais cruelle aussi, survient : le bruit du massacre de la Mission est répandu par toute la France. Tous ses membres ont des êtres chers qui tremblent pour eux là-bas, et les courriers mettent six mois à parvenir ! Impossible donc de les rassurer. La pensée de leurs angoisses est une torture pour les exilés. Le capitaine Marchand pour sa part a laissé au pays son vieux père et sa sœur. Sous son impassibilité voulue, qui cache une sensibilité ardente, son cœur se déchire.

Malgré contre temps et angoisses, Fort-Desaix reste le centre d'une activité intense. Toutes les populations qui entourent la Mission lui sont maintenant favorables, Djours, Billandas, Bongos, N'Dogos, Golos, etc, escomptent son appui contre les Djinghés qu'ils redoutent. En revanche ces derniers restent intraitables.

Ayoum, un des plus puissants chefs Djinghés, vient bien rendre visite à Marchand ; mais l'insolence de ce vieillard nous refuse formellement tout appui, il veut même empêcher les peuplades qui nous entourent et qui relèvent de son autorité, de nous vendre les matériaux nécessaires à l'achèvement de notre poste, de plus il interdit aux blancs, sinon de venir chez lui, du moins de dépasser son village.

Que va-t-il advenir de Mangin en route, vers ces inhospitaliers domaines ? En outre cette hostilité rend impossible par voie terrestre, l'envoi d'aucun ravitaillement à Baratier parti avec quinze jours de vivres... et dont depuis quarante jours on n'a pas reçu de nouvelles.

Une vive inquiétude tenaille le capitaine en pensant à lui et à Mangin. Des semaines passent, l'attente reste vaine ! Enfin, dans les ultimes jours de février, un courrier de ce dernier arrive ; il s'est d'abord heurté à l'hostilité de trois chefs Djinghés qui menaçaient de l'attaquer, mais après s'être barricadé derrière une haie d'épines de cinq mètres de profondeur, il leur a fait courageusement face, et bientôt les trois rebelles sont venus lui demander l'aman. Sur ce point Marchand est donc rassuré, mais du côté de Baratier son inquiétude devient de l'angoisse.

Malgré les dangers prévus, Largeau part pour tâcher d'avoir des nouvelles et lui porter perles et ravitaillement ; mais parviendra-t-il à le rencontrer ? Dès le début, il est éloigné de sa route par les Djinghés qui l'empêchent de prendre le chemin le plus court en bordure de leur village. Ses porteurs l'ont abandonné à 30 kil. du poste. Les populations sont des plus hostiles. Bref sa position est si délicate, qu'il écrit à ses camarades : « Ne bougez pas dans le Sud, n'alarmez pas les Djinghés, car vous me feriez... dire des sottises ».

Comme si le ciel n'était pas déjà assez noir au-dessus de la Mission avec la nouvelle de son massacre répandue en Europe, la probabilité d'être devancée par par Kitchener ou autre, les retards imposés, les dangers courus par plusieurs de ses membres, une mort vient encore l'assombrir : le lieutenant Gouly qui occupe M'Bia, à 250 kilm. au sud-est du poste Arsenal, est emporté par une bilieuse hématurie. Un mot du sergent noir Yoro-Li vient en apporter le triste message.

Bien qu'il ne fut pas membre de la Mission,

Marchand le connaissait et l'avait sous ses ordres.

Il veut donc se rendre à M'Bia où Gouly se trouvait seul de blanc afin de s'assurer par lui-même de l'état de la région et prendre les dispositions nécessaires à ce que le lieutenant dorme en paix son dernier sommeil.

« J'approuve de tout mon cœur, écrit le docteur Emily (1), cette généreuse détermination... en même temps, je redoute pour notre chef, déjà surmené physiquement et moralement, les fatigues d'un si long voyage. »

Marchand en effet est exténué, seule la volonté le soutient encore. La fatigue de ces marches et contremarches incessantes, le climat, les inquiétudes morales semblent cette fois avoir raison de lui. Un repos réparateur s'impose, mais le devoir est là qui toujours prime tout. Ordre est envoyé à Germain de venir prendre en hâte le commandement de Fort-Desaix et le capitaine peut partir.

A Fort-Desaix, le 28 mars, grande joie : Baratier, Landeroin et leurs hommes partis depuis le 15 janvier, soit depuis soixante-treize jours, sont enfin signalés. Ils arrivent harrassés, amaigris ; les cheveux et la barbe incultes, mais ils arrivent !

Les souffrances endurées par eux et leurs tirailleurs ont été affreuses. La place manque ici pour y insister, mais le colonel Baratier en a fait un poignant récit dans son livre : « A travers l'Afrique. » (2)

Poussés en avant par les mauvais renseignements

(1) Dr Emily : *Mission Marchand. Journal de route du Dr Emily* (Paris, Hachette 1913).

(2) *A travers l'Afrique* (Paris, Fayard).

des Djinghés, ils ont de beaucoup dépassé la Mechra-el-Reck. La faim les tenaillait au point qu'ils ont dû se nourrir de racines de nénufar. Bref leurs souffrances vraiment inouïes n'eurent d'égal que leur héroïsme.

Baratier a malgré tout eu le courage de relever la topographie de la route aquatique, de sorte qu'il sera à même d'y guider bientôt la Mission, car si redoutable soit-elle, c'est la seule voie, hélas! que chalands et bateaux puissent prendre!

Pendant qu'avec ses compagnons il jouit d'un repos indispensable, Marchand continue sa route. Le 2 avril, il atteint le poste des Rapides, le 3, il en repart pour Manyango et M'Bia. Sitôt arrivé, il se fait conduire à l'endroit où le corps du lieutenant repose, place sur sa tombe une croix de fer forgée aux Rapides, et, après s'être incliné sur cette tombe, part inspecter la région. Selon sa méthode, rapide et minutieuse, il veut aller partout, voir tout. Sa randonnée est accomplie dans un délai qui tient du prodige. Déjà il se propose de revenir, quand un violent accès de fièvre le terrasse à M'Bia et l'y immobilise pendant plusieurs jours. Insuffisamment remis, au prix de fatigues inconcevables, il veut pourtant reprendre sa route, car l'heure de la marche en avant va sonner. Plusieurs centaines de kilomètres restent à parcourir à pied. Ses yeux se voilent, ses oreilles bourdonnent....

Le 28, il est à Poste-Arsenal ; le 3 mai, à 7 heures du soir, il atteint enfin Fort-Desaix ; mais ses compagnons restent muets de stupeur tant il leur apparaît changé. En vain renonce-t-il, pour les rassurer, à prendre de suite le repos auquel il aspire. En vain passe-t-il la soirée à leur narrer les détails de son voyage. Malgré le sourire par lequel il essaye de donner le change, la vérité éclate sur ses traits : ces plus de 800 kil. qu'il vient de faire à pied, par une chaleur torride, sur des routes dépourvues d'eau, s'ajoutant à toutes les fatigues physiques et morales de ces derniers mois, ont achevé d'épuiser ses forces.

Les jours suivants son état empire. La série des contretemps n'est d'ailleurs pas encore épuisée : Le vapeur Oubanghi, porteur du courrier de France et de nombreuses charges pour la Mission (entre autres de deux petits canons) a sombré en aval de Bangui. Tout a pu être arraché au courant, mais le retard sera énorme et les canons, si nécessaires pour l'arrivée à Fachoda, n'y parviendront plus qu'après la Mission.

D'autre part, Mangin et Largeau, en passe de partir pour la Mechrâ qu'ils doivent, eux, gagner par terre, sont arrêtés faute de porteurs. Le chef dont ils les attendent, menacé par les Djinghés de voir piller son village s'il fournit des hommes aux blancs, ne peut leur tenir parole. Le fameux Ayoum (après avoir fait mine de s'apprivoiser, et être venu vendre quelques bœufs au poste), interdit formellement le passage sur ses domaines! Les deux officiers partent quand même, cette fois encore ils arriveront sans encombre, mais à Fort-Desaix l'inquiétude règne, et Marchand en qui elle se répercute doublement en sa double qualité de compagnon d'armes et de chef de Mission, la ressent plus vivement que tout autre.

Tous les ordres étant donnés par lui, c'est lui qui a la responsabilité tant du succès de l'entreprise que des vies humaines exposées. Tandis que chacun de ses officiers n'a qu'à exécuter son rôle personnel — déjà souvent lourd à l'extrême — lui, sent peser sur ses épaules, en plus de la tâche particulière qu'il s'assigne, un peu de toutes ces tâches réunies et la responsabilité totale de leur bon accomplissement.

Si en temps ordinaire ces responsabilités lui sont une joie — car selon le mot judicieux de Foch, les natures supérieures sont avides de responsabilité — aux heures de fièvre elles s'affirment lourdes.

Bref, jour par jour son état empire, à tel point qu'une nuit le Dr Emily est mandé d'urgence à son chevet, sa faiblesse et sa température sont telles qu'elles inspirent les pires inquiétudes. Le capitaine ne s'alimente presque plus et souffre d'insomnies brisantes.

Il se refuse cependant à différer le jour du départ. Puisque le Soueh enfin remonte, il entend en profiter aussitôt que son niveau rendra la navigation possible. Agir en hâte pour ne pas se laisser devancer, si toutefois on ne l'est pas encore, est pour la Mission question vitale, et il ne veut, sous aucun prétexte, être la cause du moindre retard. Les eaux ne devant être assez hautes pour le *Faidherbe* que dans quelques semaines, les chalands partiront en avant. La Mission donc se séparera en deux groupes. Le premier sous le commandement de Marchand comprendra les capitaines Baratier et Mangin (qui vient de recevoir la nouvelle de son avancement « au choix » en récompense de ses campagnes Soudanaises) du lieutenant Largeau, du Dr Emily, de l'interprète Landeroin et des sergents Dat et Venail. Le second commandé par

Germain, formé par l'enseigne de vaisseau Dyé, le lieutenant Fouque, l'adjudant de Prat et le sergent Bernard.

Mais Marchand pourra-t-il se tenir debout ? une légère amélioration se révèle dans son état depuis quelques jours, mais sera-t-elle suffisante pour lui permettre de prendre le commandement non seulement de la Mission, mais aussi de l'embarcation qu'il doit diriger à travers ce marais hostile ? Quel régime pour un convalescent ! Ne serait-ce pas braver la mort ? Mais telle est sa volonté de départ qu'une violente réaction s'opère ; sa pâleur, son amaigrissement effrayent encore ses compagnons, mais le feu de la décision domine déjà celui de la fièvre dans la clarté de ses prunelles. Le 4 juin 1898, date émouvante, où le premier groupe de la Mission part enfin pour le fleuve sacré, il tient debout, il est à son poste.

Les premiers jours se sont passés sans trop de difficultés, bien que le soleil darde avec rage, car on n'est pas encore dans le marais : Ce laps de temps lui suffit pour achever de se remettre et le Dr Emily peut écrire dans son journal (1).

« Le revoilà debout et plus alerte que jamais. A des natures comme la sienne, c'est la grande activité, la vie pénible et tourmentée qu'il faut. Rien n'est plus funeste à des hommes de sa trempe que le repos forcé. C'est aux moments du danger, c'est dans la lutte contre les éléments, contre les difficultés de la vie, contre les imprévus de notre situation, contre les obstacles qui veulent s'opposer à notre marche,

(1) Dr Emily, *ouv. cité*, p. 86.

que ses admirables qualités d'entraîneur d'hommes se manifestent dans toute leur plénitude, atteignant leur maximum d'intensité. »

Enfin on atteint le fameux marais où Baratier faillit succomber. La première exploration effectuée et la suffisance de vivres rendent cette fois la traversée moins périlleuse, mais tout danger n'est pas écarté :

« Dès l'entrée, un barrage. L'eau disparaît sous un fouilli inextricable de tiges d'houmousouf, d'herbes et de détritus de toute sorte arrêtés au passage. Et c'est là le chenal, le seul chemin par lequel nous puissions avancer. A droite et à gauche de nos boats, il n'y a pas 0m,50 d'eau. Quel travail ! A 6 heures du soir nous avons fait 2 kilomètres, et tout notre monde est sur les boulets.

« Nos embarcations se groupent, pour la nuit, dans une espèce de petite mare entourée d'houmousoufs de tous côtés. Cette herbe est une graminée à stipe de la grosseur du doigt recouvert de petits piquants qui s'implantent dans la peau des mains et produisent une douleur très cuisante. La partie qui émerge de l'eau, en ce moment, atteint 2 mètres à 2m.50 de hauteur. Nuées de moustiques... Pas un moment de repos. On ne peut faire autre chose que de les chasser avec la main ou le mouchoir. Et nos noirs à demi-nus... Nous passons la nuit sur les embarcations, entassés les uns sur les autres... Horrible !...

« Aucun de nous ne peut dormir !... »

Et ce n'est que le début ! Tout le long du marais ces houmousoufs foisonnent, parfois on ne peut avancer qu'en se hâlant sur eux malgré la douleur que cause leur contact. Autre misère singulièrement plus grave :

le capitaine Baratier, qui guide le convoi, est subitement atteint de conjonctivite ; il ne parvient à garder les yeux ouverts qu'au prix de violentes souffrances. Bientôt il se rend compte qu'il s'est fourvoyé.

On regagne péniblement le dernier point formellement reconnu, mais, à partir de là, où est la bonne voie ? Une question angoissante se pose, Baratier ne reconnaît-il vraiment plus sa route, ou bien cette route, la seule possible il y a deux mois, n'est-elle pas à son tour obstruée par les herbes ? S'il en est ainsi, tout espoir est vain, la Mission va échouer au port.

Le lendemain, dès l'aube, on repart, mais sur un véritable lac d'herbes, 0m,40 d'eau seulement stagnent sous les embarcations. A droite et à gauche de l'herbe, à l'horizon de l'herbe, de l'herbe partout ; de l'herbe... et le fond. De tous côtés les tirailleurs envoyés en exploration reviennent sans trouver la moindre passe accessible, l'angoisse monte. Enfin l'un d'eux disparu depuis un moment derrière un massif pousse en un joyeux « N'gou, n'gou ! (l'eau ! l'eau !) Le chenal est retrouvé et le capitaine, cette fois, est sûr d'entrer dans la bonne voie.

Après tant de fatigues et d'émotions le repos serait nécessaire, mais les moustiques veillent, une tornade éclate et les malheureux sont forcés de chercher le sommeil roulés dans des couvertures trempées.

Le lendemain, journée de 4 kilm. au prix des plus rudes efforts, le surlendemain de 3. Puis ce sont 2 kil. 500, puis deux, puis 1800 mètres, 900 mètres et même moins, qui sont accomplis quotidiennement ! Ce n'est plus une navigation, c'est une ruée sur les herbes, sur ces herbes qui, malgré le chemin accompli, continuent à s'étendre à perte de vue. Le bleu du ciel, le vert du marais, rien d'autre ! non plus qu'hier, non plus que demain. Un spleen intense se dégage de cette uniformité, les fatigues, les misères toujours affrontées et vaincues et toujours inlassablement renouvelées semblent un instant par trop cruelles, les yeux se voilent de lassitude, se lèvent vers le ciel comme pour l'implorer... mais ils rencontrent les drapeaux, les petits drapeaux tricolores qui au bout des mâts frémissent dans l'air lourd, puis claquent sous la menace de la tornade ; leurs couleurs chantent dans le ciel en feu : « France ! France ! » Le mot sacré monte à toutes les lèvres, et soudain, dans le ciel où flotte la magie de nos trois couleurs, chacun croit entrevoir un clocher, un port, une ville ! son village ! sa cité : La Patrie ! Et les yeux voilés de lassitude se raniment, ils brillent, on dirait qu'ils crépitent, car de tous ces braves, de tous ces héros, de Marchand plus peut-être encore que de tous, il n'en est pas un seul qui regrette des mois de souffrance, des mois de misère, des mois de deuil, si c'est pour la gloire de cette patrie si lointaine et toujours présente. Ces petits pavillons qui flottent fièrement au bout des mâts dans ces régions qui jamais encore ne s'étaient vues dominées par eux récompensent de tout, font tout oublier. Ils ne doivent pas sombrer, mais flotter encore, continuer leur marche en avant, gagner le Nil, gagner Fachoda, y porter joyeuse et fière un peu de leur âme...

Et les efforts surhumains redoublent, si étroit est le chenal qu'il faut l'élargir pour passer. On l'élargit à coup de hache, quand enfin la largeur est suffisante, ce sont les eaux qui baissent subitement ; impossible encore d'avancer. Qu'importe ! le lendemain on construira un barrage,et il faudra bien qu'on passe quand même. C'est Marchand en personne qui assume cette tâche nouvelle en compagnie de Baratier.

La multiplicité des talents demandés à ces hommes est vraiment inouïe ; après avoir été organisateurs, comptables, commerçants, architectes, chasseurs, guerriers, jardiniers, médecins, explorateurs et diplomates, après être devenus navigateurs et avoir dû réparer les embarcations crevées avec des moyens de fortune, — telles que deux extrêmités de pagaies liées avec des lanières de peau d'hippopotame, — les voilà maintenant chargés de faire des travaux d'éclusiers ! Avec des mottes de terre arrachées à la rive, le barrage est construit en hâte, l'eau monte, l'obstacle est franchi comme tous les autres, et les bateaux peuvent enfin repartir vers quelque nouvelle difficulté ; ils raclent le fond, se heurtent aux bords, luttent contre les herbes, mais ils avancent... sur un mélange répugnant de bêtes et de feuilles pourries :

« Je n'ose me laver le visage, tellement l'eau est noire et sale autour de nos embarcations, note encore le docteur Emily (1). Et c'est ainsi depuis douze jours. Telle est pourtant la boisson que nous buvons. Il est vrai que notre cuisinier fait semblant de la faire bouillir, et l'additionne de thé ».

Et ce sera ainsi jusqu'au bout, dans ce marais digne de l'enfer de Dante : fatigués, exténués, nourris de choses détestables, asphyxiés par la fumée de la cuisine, trempés de pluie, brisés d'insomnies, en butte

(1) Dr Emily, *ouv. cité*, p. 86.

aux herbes, aux hippos, aux sangsues et aux moustiques, les malheureux sont à bout de forces. Pourtant rien ne les décourage ; il semble au contraire que chaque nouvel obstacle serve de tremplin à leur énergie, et si le corps, par instant, crie merci, l'âme, ne veut qu'aller de l'avant ! Marchand d'ailleurs, infatigable, encourage ses compagnons. Baratier vante « les délices de la situation », ils souffrent soit, mais « à la française » la chair brisée, mais la blague aux lèvres et le rire aux yeux... et le docteur Emily est prié, dès qu'on sera en terre ferme, d'ajouter un nouveau couplet à cette chanson « Congo-Nil » composée par lui sur la Mission et qui s'allonge avec les étapes.

Enfin le vendredi 24 juin, jour de joie, on sort du marais. Le 25, on navigue sur le Soueh ressurgi. On peut descendre à terre, faire dresser sa tente sur autre chose que des roseaux repliés sur eux et s'affaissant progressivement ; boire autre chose que de l'eau boueuse et se laver avec autre chose que ce liquide infect. On a encore devant soi des roseaux, et l'immensité, mais il y a de l'eau, de l'eau navigable et si ce n'étaient les éternels hippos, on se sentirait complètement sauvé.

Quelques jours plus tard, la mission atteint le Bar-el-Gazal, la navigation peut s'effectuer à la voile ; on passe à la Mechra pour y prendre Mangin et sa troupe et bientôt on gagne le Nil.

Depuis Bonaparte les couleurs françaises n'avaient pas flotté sur le fleuve sacré.

Mais les ruines de Fachoda sont elles encore libres ? Des indigènes sont interrogés ; leur réponse attendue avec angoisse est formelle : aucun européen n'a été vu dans toute la région! Un joyeux hosanna s'élève de l'âme de nos héros.

Ainsi l'effort accompli ne sera pas vain, la Mission Marchand accomplissant toute entière la tâche prescrite arrive la première au but assigné, c'est pour la patrie une immense extension de son immense empire colonial, c'est l'accès du Nil assuré, ouvrant à toutes ses possessions du centre Africain une ère de prospérité nouvelle. C'est aussi pour l'Egypte opprimée un immense espoir.

Et le 10 juillet 1898, à 5 h. du soir, le capitaine Marchand, l'âme en fête, fait dresser sa tente à Fachoda. Le surlendemain, devant le grand Meck des Chillouks, le sultan Abd-el-Fadil qui nous a accueilli favorablement et est venu lui rendre visite, devant toute la première partie de la mission rassemblée, le capitaine Marchand scelle officiellement son geste héroïque : Fachoda devient possession française, les clairons sonnent au drapeau. Des pétards de mélinite figurent le salut du canon et les couleurs de la France, nos gaies couleurs, nos trois couleurs, s'élèvent et bientôt claquent joyeuses au-dessus des ruines conquises.

Des sacrifices admirables de ces hommes il restera... ce que l'on sait, mais le jour où grâce à leur tenacité et à leur vaillance, synthétisées en quelque sorte en leur jeune chef, ils atteignent ce but presque inaccessible, à l'heure où Marchand salue le drapeau avec toute son âme, avec tout son cœur, comme il l'a toujours servi et aimé, ce jour-là, 12 juillet 1898, une des plus nobles pages de notre histoire vient d'être écrite. Le capitaine de 35 ans qui y appose sa signature peut en être fier à jamais. Par lui la « troisième tentative de la pensée et de l'énergie française après celle de Bonaparte et de saint Louis, vers la vallée historique dont le Delta forme les points de soudure des trois continents anciens » est chose accomplie ; quel que soit le sort immédiat réservé à la sublime aventure, elle aura des ramifications qu'on ne peut encore soupçonner.

A peine « Paki-Bô », l'ouvreur de route, est-il installé à ce nouveau poste que de là comme de partout où il passe la vie sourd intense.

D'une part de sérieuses fortifications sont élevées sous l'habile direction de Mangin nommé « commandant de Fachoda et des territoires adjacents, » de l'autre le marché s'anime, les malades, non seulement les tirailleurs et les Yakomas, mais encore les indigènes de toutes sortes, sont soignés par le médecin blanc.

Si la force armée impose le respect, si la diplomatie se concilie les êtres, si les cadeaux les amadouent, rien plus que les médicaments et les soins ne les attachent réellement. L'homme auquel on donne une arme, la femme à qui on offre un collier sont heureux et fiers, mais l'homme dont on a sauvé l'épouse ou la mère, la femme dont on a sauvé l'enfant éprouvent souvent une gratitude que rien ne saurait effacer.

Reconnaissants aussi se montrent les tirailleurs pour la façon dont ils sont traités. Le 14 juillet, de leurs propre mouvement ils viennent en témoigner à leur chef, lui apporter les vœux pour « Madame la France » et lui renouveler l'assurance de leur inaltérable dévoûment. Après avoir, de son côté, rendu hommage à leur vaillance, Marchand leur fait donner un mois de solde double en récompense de leurs efforts pendant la traversée du marais. Puis repos général et distribution supplémentaire de viande sont ordonnés en signe de fête. Là-dessus grand tam-tam d'allégresse :

La fête nationale française est joyeusement célébrée ce jour-là sur les rives du Nil.

Repos éphémère, dès le lendemain les travaux de toutes sortes reprennent ; le « front bastionné », comme dit le capitaine Mangin avance avec rapidité ; le jardin commence à sortir de terre... et le docteur est prié d'ajouter un nouveau couplet à la chanson.

Toutefois, à mesure que les heures succèdent aux heures, la gaîté devient un peu factice. Les nouvelles abondent, mais elles sont si contradictoires qu'on ne sait auxquelles se fier... et toutes ne sont pas favorables. Selon les uns, les derviches sont en route pour nous livrer bataille, selon les autres les Anglais approchent ; d'après les troisièmes, nos alliés les Abyssins cheminent au contraire vers nous. Certains annoncent aussi la prochaine arrivée du *Faidherbe* que l'on continue à attendre. Un malaise moral s'en suit, auquel vient se joindre un malaise physique. La pluie qui continue à tomber provoque une humidité constante, génératrice de mille maladies. En outre Abd-el-Fadil semble maintenant se reprocher la cordialité de son accueil ; il tremble que les derviches lui en fassent grief et sa crainte se manifeste par la parcimonie qu'il apporte au ravitaillement du poste. Il s'aperçoit soudain que nos perles et nos étoffes ne plaisent pas à ses sujets ; qu'ils ne veulent plus rien vendre en échange. Il assure ne pas craindre les derviches plus qu'il ne nous redoute nous-mêmes !... puis se confond en propos aimables et faux. Bref un vent de mauvais vouloir et de mauvaise foi souffle autour du petit groupe ; un vent de mensonge aussi, car les nouvelles continuent à se multiplier avec une divergence déconcertante... Quand soudain, un matin, à l'aurore...

Mais, pour ce qui va suivre, j'ai eu la bonne fortune de retrouver un récit du capitaine Marchand lui-même, tracé en réponse à un article de la *Daily Dispatch* qui avait quelque peu déformé les faits :

— « Tiens !... mais ce sont des vapeurs ! !...

« Et des vapeurs du Nord ! C'était le danger, c'était notre mauvaise chance ; c'étaient les derviches qui arrivaient les premiers : *Cheh ! Allah !*

« Oh ! je ne m'y suis pas trompé. Dans la gorge de Landeroin, il y avait un peu de cette émotion étranglée qui assourdit la finale des syllabes et annonce le péril même joyeusement salué. Sans m'attarder à demander plus d'explications, saisissant le revolver qui me servait d'oreiller, d'un bond, j'étais sur mes pieds ; le deuxième me jeta sur le seuil de la tente. Je vis.

« Un ciel maussade et bas comme un plafond de soupente, comprimant une lumière sans reflets, — une lumière opaque, presque solide — entre sa face d'étain terni, qui semble être descendue pour jeter un cartel, et le disque verdâtre de la prairie lacustre dont chaque brin d'herbe, immobile et penché, paraît écouter. Sur ce blason végétal découpé comme à l'emporte pièce par les horizons plats et rapproché de la tremblante roselière, le souple ruban du Nil, figé dans la fraîcheur de l'aube, cloue son écharpe de fer blanc.

« Et quel belliqueux cimier ! Vers l'aval, vers le nord, tel, sur l'horizon de mer, le navire dont on voit d'abord le bordage et les flancs avant de découvrir la ligne de flottaison, la silhouette noire et brusquement surgie d'une mouvante pyramide de pays de rêve, huit bateaux de guerre hérissés de flammes battant la pointe des longues lances, huit bateaux fumants qui n'y étaient pas la minute d'avant.

« C'était l'expédition mahdiste. Deux vapeurs blindés, le *Safiah* et le *Tewfikieh*, deux énormes chalands d'acier, trois hautes deabiehs d'Egypte, une plus petite, la meilleure partie sans doute de ce qui devait rester à Om'durmann de la flottille militaire de l'ancien Soudan égyptien tombé avec Kartoum et l'infortuné Gordon aux mains du Mahdi, treize années auparavant.

« Plus près de moi, dans la cour même du fort, une silencieuse agitation : les détachements de nos tirailleurs Soudanais qui se rassemblent, chacun à la gorge du bastion qui lui est assigné, et les équipes de nos piroguiers de l'Oubanghi, transformés en pourvoyeurs qui commencent à sortir des magasins les caisses à munitions. Au centre, sous l'unique représentant du règne végétal arborescent que nous avions trouvé au sommet du monticule, le docteur Emily, médecin de l'expédition, et ses infirmiers, très affairés apportant en hâte le matériel pharmaceutique et chirurgical des possibles opérations.

« Le capitaine Mangin a déjà occupé avec sa troupe

le bastion nord-ouest, le plus important de nos ouvrages, qui bat à la fois le fleuve en amont et flanque les deux faces principales du fort tournées vers l'intérieur du pays.

« Baratier est au bastion du sud-ouest, Largeau à celui du sud-est ; le détachement de réserve s'installe au réduit.

« Le fort est aussi gardé sur le front de terre et sur celui du fleuve. Pendant toute la première moitié de l'engagement, en effet, j'ai redouté une attaque simultanée sur les deux côtés, infanterie par la terre, les vapeurs bombardant du fleuve. Avec la moindre notion tactique, c'est ainsi que l'émir eût dû procéder.

« Tout en roulant avec une certaine angoisse que je m'efforce de cacher, cette pensée dans mon esprit, je me porte rapidement au saillant nord-est du camp, près du mât du pavillon, sur la voûte encore solide d'une vieille poudrière, seul vestige resté debout sinon intact, de l'ancienne forteresse kédiviale.

« A peine perché au sommet de mon observatoire et mes jumelles braquées sur nos inquiétants visiteurs, le petit nuage annoncé grandit du sabord du plus grand vapeur. Est-ce un salut? ou une sommation??

« Huit à dix secondes !... un ronflement doux... le projectile tombe sans éclater, dans le lit du fleuve à 400 pas en avant de mon poste d'observation, et projette un panache liquide endiamanté de 20 mètres de hauteur. Il est exactement 7 heures du matin.

« Un second ne tarde pas à suivre, mais explose, autant qu'il m'a semblé, à 200 mètres de la pièce qui l'a lancé. Les fusées sont avariées sans doute. Le troisième, mieux pointé éclate à 30 mètres de ma droite, dans les palmes d'un petit bouquet de dattiers entre le fleuve et l'entrée du fort ; quelques fragments de mitraille traversent l'étamine du pavillon tricolore qui claque gaîment dans l'air maintenant réveillé.

« C'est la bataille ! Ces énergumènes ont une façon à eux de prendre contact et ignorent tout de l'art parlementaire dont les excès en sens opposé font une fichue moyenne.

« Le vapeur le plus rapproché du camp en est encore à plus de deux milles. Nous ne pouvons songer à répondre, nos fusils n'ont pas cette portée, et nos canons sont avec le *Faidherbe* qui n'est pas encore arrivé.

« Une accalmie. La flottille s'est remise en marche et grossit sensiblement. Je peux distinguer les deux chalands d'acier avec la plus grande deabieh accrochés, en arrière des aubes, aux flancs du *Tewfikieh* et qui paraissent remplis jusqu'aux ras des bords d'une multitude de petits sacs de grain ou de farine (1), les autres embarcations sont amarrées derrière le Safiah. Du côté de terre, par où j'appréhende toujours de voir déboucher l'attaque des fantassins et des cavaliers, je vois osciller quelque chose qui ressemble à une longue et haute palissade de pieux effilés : ce sont les lances des guerriers du sultan Abd-el-Fadil, disposées en un vaste demi-cercle enveloppant le fort à distance respectueuse, et qui attendent sans doute le moment de la curée.

« Il est gentil notre hôte ! et la situation n'est

(1) Que le capitaine reconnut plus tard pour être les énormes turbans blancs dont est coiffée l'infanterie derviche.

pas follement gaie, mais quatre ou cinq mille Chillouks, d'ailleurs très divisés à notre sujet, et n'obéissant guère à leur roi, peuvent être tenus en respect par une escouade. C'est du côté fleuve que reste le vrai danger : cet imbécile d'émir a gardé toute son infanterie à bord. Mais où est-elle ? on ne l'aperçoit pas encore !

« Maintenant les vapeurs et leurs remorqueurs se sont sérieusement rapprochés. Je jette l'ordre au capitaine Mangin, dans son blockaus bastionné de commencer le feu, par salves, à 1500 mètres. Les premières gerbes de balles tombent dans le Nil, un peu en avant des bateaux du groupe *Tewfikieh*, puis sur leur blindage qui, d'un bruit mat, accuse l'impact. Il est 8 heures.

« Sur les vapeurs derviches, dans le halètement rythmique des machines poussives dont les cheminées vomissent des torrents de fumée jaune criblée d'étincelles, 1300 rémington entonnent le farouche hymme d'une fusillade à volonté que martèlent les rauquements du canon et les clameurs de l'obus. Cependant que les larges nappes sonores d'un plein chant religieux roulent sur les cordes frénétiquement raclées des instruments de la musique guerrière émirienne. C'est le moment psychologique ! mais vraiment il ne manque pas d'une sauvage beauté qui à la fois allège et étreint les poitrines. Je m'attarde à écouter. Nos tirailleurs aussi sont emballés « *Allah il Allah !* nous sommes les victorieux ». Des bastions aux vapeurs, dans l'air qui s'échauffe, les clameurs de défi se croisent comme les balles. Serrés comme grêlons, les projectiles frappent les murs des bastions et ricochent dans la cour du fort où des milliers de petites poussières se soulèvent et retombent. De notre côté nous ripostons de notre mieux, posément.

« Comme les coups de balancier d'une horloge bien réglée, chaque feu de salve parti de nos bastions a son écho métallique sur le blindage des steamers qui résonnent sous le marteau des balles comme de vieux chaudrons rapiécés.

« Après quelques minutes d'hésitation, ceux-ci renoncent à prendre le chenal de la rive gauche qui conduit au fort, et serrent au contraire le bord opposé.

« Il ne paraît décidément pas qu'il dut y avoir d'attaque ou de démonstration du côté de la terre, et j'envoie dire à Baratier de porter sa section sur le front du fleuve; moins d'une demi-minute après, un obus éclate à la gorge du bastion que vient de quitter la petite garnison, et l'inonde de mitraille. La chance est donc pour nous.

« Une émotion, perceptible du camp, s'accuse dans la manœuvre des bâtiments qui cherchent à se couvrir alternativement; de leur côté la fusillade se ralentit et les chants de guerre s'étouffent avec la vigueur de l'orchestre, dont le jeu se rapproche fort de la sourdine. Le *Tewfikieh* ne bat plus que d'une aile — je veux dire d'une roue — et le Safiah plus ingambe évolue devant nous pour attirer nos coups qui s'obstinent sur son congénère, dont les machines hoquettent. Rasant de plus près la rive opposée dans la berge de laquelle il paraît vouloir s'enfoncer, il dépasse enfin le fort, et à 10 heures du matin la flottille ennemie est à 2000 mètres en amont.

« En amont ! c'est-à-dire entre nous désormais et le deuxième convoi de la Mission, sous la direction du capitaine Germain dont l'approche nous est signalée et qui ne se doute de rien. L'émotion passe au camp français. Là-bas sur la rive droite, hors de portée du tir que j'ai fait cesser, le *Tewfikieh* est arrêté et des coups sourds, apportés par le fleuve, nous indiquent que dans les machines des réparations urgentes sont commencées.

« A tout prix, il ne faut pas qu'elles s'achèvent, il ne faut pas qu'une pareille situation soit prolongée.

« Le capitaine Largeau, avec quarante tirailleurs, sort du fort et va s'embusquer, à hauteur de la flottille, dans un champ de sorghos épais. Une heure durant, sans que les canonniers puissent le découvrir, grâce à la poudre sans fumée, il crible de balles les chalands chargés qui, au milieu des hurlements de colère et de mort que le Nil compatissant va bientôt éteindre, finissent par couler avec tout ce qu'il contiennent.

« Les autres bâtiments gagnent encore péniblement 2000 mètres en avant. L'intention de l'émir était de débarquer à 5 kilomètres en amont de Fachoda et sur la même rive, pour occuper un ancien fortin derviche qui se trouvait en cet endroit et loin de la résidence du sultan Fadil.

« Pendand ce duel, au fort, nous nous hâtons de déjeuner.

« On entend encore, par intervalles, quelques salves de Largeau et le grondement qui fait écho. A une heure notre camarade rentre au fort avec ses tirailleurs. La flotille mahdiste redescend le fleuve, abandonnant son projet de débarquement avorté, et va être obligée de repasser sous les bastions du fort. Elle prépare son passage par quelques obus dont l'un décoiffe le sommet de la case de Baratier, décidément il n'y en a que pour lui ! Heureusement il n'était pas dedans — et puis nous savons qu'il a l'habitude de passer au milieu des balles sans les heurter. Il est si mince.

« A deux heures la fusillade reprend. Toutes les sections de tirailleurs cette fois abordent le fleuve, à découvert, presque debout sur les parapets : L'adversaire est visiblement démoralisé, il y a de la terreur à son bord, son tir s'en ressent. La précision des nôtres naturellement s'en accroît. Emily lui-même, le médecin ! à la tête de la garnison du réduit, fait des prouesses oubliant blessés et bistouris... et la convention de Genève.

« Sous l'avalanche meurtrière des balles Lebel qui crèvent les plaques de tôle à 400 mètres et atteignent les chaudières, le *Tewfikieh*, des flancs duquel la vapeur s'échappe, perd la faculté de gouverner, décrit une forte embardée, et présente son arrière où nos feux pénètrent d'enfilade, balayant d'une même gerbe pont et batterie. La panique se déclare à son bord, ainsi que sur le Safiah qui tourne sur lui-même avec une espèce de frénésie, comme un gros bourdon qui, ayant reçu la tape, ne peut plus se servir de ses ailes et pivote sur la tête, l'arrière-train en l'air.

« Au blockhaus de l'artillerie, les canonniers n'osent plus lever le masque qui protège les pièces et permet le pointage à découvert. Sur les passerelles les chefs courent et s'agitent, jettent des ordres à la voix et à la corne ; j'en vois un qui chancelle et culbute par dessus la rambarde dans le fleuve. Il n'y a plus de direction, — plus d'obéissance non plus. Les équipages coupent les câbles des remorqueurs et bientôt vapeurs et deabieh émaillent la surface du fleuve, tournoyant au gré du courant qui les entraîne.

« Dans le champ de ma lorgnette, un instant, sur le pont de la plus petite deabieh vient s'inscrire très nettement un européen — un grec sans doute — en costume kaki. Il m'a semblé qu'il faisait son possible pour rapprocher l'embarcation de notre rive. Puis la vision a disparu, remplacée par une autre.

« Ce sont des visions de déroute. Ce qui reste de survivants sur la flottille ne cherche plus qu'à fuir, s'arracher de la fournaise. De la rive, le capitaine Mangin, sorti du fort avec sa section, les accompagne jusqu'à une lieue.

« Une fois encore un bruit de mousqueterie retentit sur les bateaux, mêlé aux clameurs ; mais chose bizarre, les balles paraissent tirées verticalement. J'ai appris le lendemain que les derviches survivants s'étaient disputés, à fond de cale, les places les moins exposées à nos feux.

« A cinq heures du soir les silhouettes des deux vapeurs s'abaissent lentement à l'horizon du nord où elles avaient paru le matin. Le *Tewfikieh* est complètement désemparé et ses machines sont mortes ; le *Safiah* qui marche cahin-caha lui donne la remorque (c'est celui-là qui, une semaine plus tard, a pu regagner Kartoum où il est entré par un bout, juste au moment où l'armée anglo-égyptienne pénétrait de l'autre). Il n'y a plus ni chaland ni deabiehs.

« Au fort nous avons cinq blessés dont deux griévement. Le Dieu des explorateurs nous a protégés. Il ne nous a pas dispensés cependant de consommer les deux tiers de notre provision de cartouches, vingt-huit mille sur quarante-deux que nous avions le matin, et cela ne laisse pas d'être inquiétant.

« C'est à ce moment que paraît à la tête de ses ministres et dignitaires le sultan Abd-el Fadil. Il m'apportait les compliments et félicitations préparés pour ses compères et alliés et dont le destin avait changé l'adresse. Je daignais les agréer ! et à la question qui lui brûlait les lèvres « Mais où donc sont les Victorieux ? » L'un de nous répondit en lui montrant le Nil, en dessous du fort, puis la cheminée du dernier vapeur qui, au loin disparaissait.

« Le surlendemain, en grand apparat, il revenait solliciter « un uniforme d'officier français » et la conclusion d'un traité d'alliance (qu'il avait toujours repoussé jusqu'à ce moment) plaçant ses Etats sous la protection de la France : « Tes soldats ne sont que cent, mais chacun d'eux vaut cent Victorieux. Ce sont eux qui possèdent les balles d'argent du prophète. De cette heure ton pavillon est le mien et nous voulons être Français, nous ne voulons pas redevenir Turcs. »

« C'est ainsi que le 25 août 1898, à la demande des chefs et notables de la nation Chillouk (qui se réunirent effectivement à Fachoda pour signer le traité le 3 septembre), la rive gauche du Nil blanc passait sous le protectorat de la France.

« Quatre jours plus tard, conduisant le vaillant petit *Faidherbe* qui remorquait cinq chalands chargés de ravitaillement, 1.000 obus, 100.000 cartouches et des vivres d'Europe pour un an, le capitaine Germain arrivait enfin avec quatre-vingts tirailleurs, Dyé, Fouque tous nos camarades de la seconde moitié de la Mission, avec la bonne nouvelle que les compagnies de renfort et de soutien commençaient à arriver dans le Bar-el-Ghazal.

« Quoique le débarquement eut lieu sous une épouvantable tourmente dont les rafales jetaient les eaux du ciel et du Nil en tourbillon jusque dans nos misérables cahutes disloquées, j'ai cru ce soir là que dans les profondeurs d'en haut un soleil brillait qui ne devait plus se coucher. »

La joie en effet est à l'ordre du jour, la petite troupe est au complet, bien approvisionnée en munitions et en vivres, l'admiration des habitants est profonde et se traduit par un dicton simpliste et flatteur qu'ils ne se lassent pas de répéter :

« Quand les Français ne sont que deux
« N'ose pas croire qu'ils sont peu !

L'entente avec les autorités indigènes marque le premier pas officiel vers une situation stabilisée. Le but est atteint dans toute son ampleur, un seul nuage subsiste : la Mission abyssine qui devait venir à notre rencontre aurait bien été fidèle à sa promesse, mais décimée par la maladie, ne nous trouvant pas au rendez-vous, elle se serait vue contrainte de repartir. Baratier et Dyé lancés à sa poursuite avec le *Faidherbe* ne parviennent pas à la rejoindre.

En dehors de ces bruits relatifs à la Mission abyssine, qui à travers de nombreuses exagérations comptaient une part de vérité, d'autres, extrêmement divers, se remettent à circuler. Bien qu'on n'y attache qu'une importance très relative, les travaux de nos fortifications continuent à être poussés avec la plus grande énergie ; les murs du fortin qui doivent mesurer huit mètres de haut et 4 de large et sont couverts par un fossé profond sont actuellement presque achevés. La position est déjà très forte et le « commandant de Fachoda » peut-être satisfait de son œuvre.

C'est d'autant plus opportun que cette fois, avec une grande apparence de vérité, les derviches sont à nouveau annoncés. Aussi, toute la garnison est-elle en armes quand des navires sont aperçus. La nuit se passe sans alerte. D'ailleurs les derviches veulent sans doute parlementer, car le lendemain matin, à l'aube, deux émissaires apportent une lettre. Le commandant Marchand l'ouvre, la parcourt... elle est signée de lord Kitchener: Le Sirdar apprend au « commandant de l'expédition de Fachoda » sa récente victoire de Kartoum la prise du bateau derviche le *Safia* (un de nos adversaires du 15 août) et lui annonce sa prochaine visite. Le capitaine lui fait aussitôt porter la réponse suivante :

« Mon Général,

« J'ai l'honneur de vous accuser réception de votre honorée datée de Babin, 18 septembre 1898.

« J'ai appris avec le plus vif plaisir l'occupation d'Omdurman par l'armée anglo-égyptienne, la destruction des bandes du Khalife et la disparition définitive du Madhisme, dans la vallée du Nil. Je serai, sans doute, le premier à présenter mes bien sincères félicitations francaises au général Kitchener, dont le nom incarne, depuis tant d'années, la lutte de la civilisation, aujourd'hui victorieuse, contre le fanatisme sauvage des partisans du Madhi. Permettez-moi donc, mon général, de vous les présenter respectueusement, pour vous d'abord, et la vaillante armée que vous commandez.

« Ce devoir, bien agréable, rempli, je crois devoir vous informer que, par ordre de mon gouvernement, j'ai occupé le Bar-el-Ghazal jusqu'à Mechrâ-el-Rek et au confluent du Bahr-el-Djébel, puis le pays Chilouk de la rive gauche du Nil jusqu'à Fachoda, où je suis entré le 10 juillet dernier.

« Le 25 août, j'ai été attaqué dans Fachoda par une expédition derviche, composée de deux vapeurs, que je crois être le *Bordeen* et le *Safia*, montés par 1200 hommes environ, avec artillerie. Le combat, engagé à 6 h. 40 du matin, s'est terminé à 5 heures du soir par la fuite des deux vapeurs que le courant sauva avec ce qui restait de monde à bord. La plupart des grands chalands remorqués furent coulés, et le *Bordeen* fortement avarié.

« A la suite de cette affaire, dont la première conséquence comportait la libération du pays Chilouk, j'ai signé avec le sultan Abd-el-Fadil, grand Mek, le 3 septembre, un traité plaçant le pays Chilouck de la rive gauche du Nil Blanc, sous le protectorat français, sauf ratification par mon gouvernement.

« J'ai envoyé expédition du traité en Europe, d'abord par la voie du Sobat-et-Abyssinie, puis par le Bahr-el-Ghazal et la Méchrâ-el-Rek où mon vapeur le *Faidherbe* se trouve actuellement avec l'ordre de

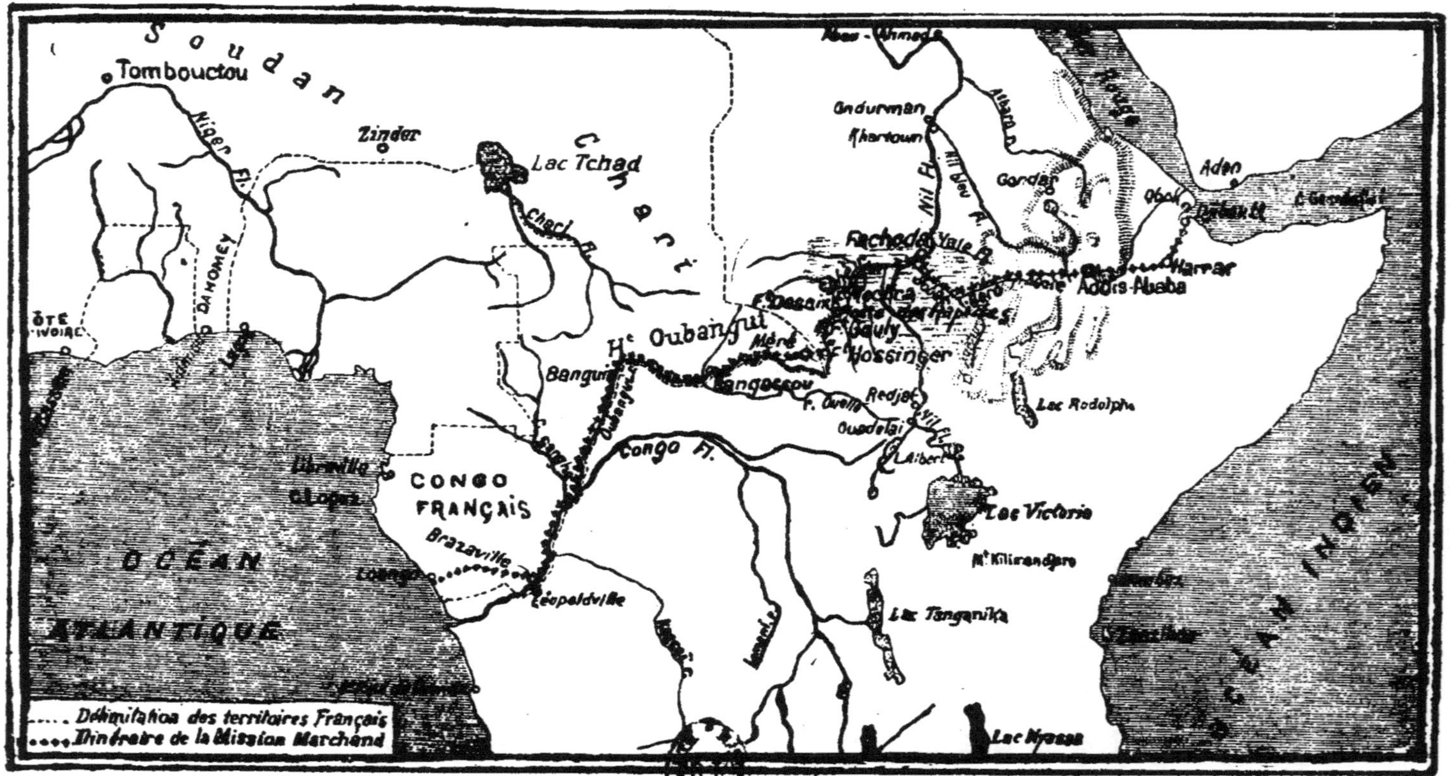

..... Délimitation des territoires Français
●●●● Itinéraire de la Mission Marchand

ITINÉRAIRE DE LA MISSION MARCHAND

m'apporter des renforts que je jugeais nécessaires pour défendre Fachoda contre une seconde attaque des Derviches plus forte que la première et que j'attendais vers le 25 courant.

« Votre arrivée l'a empêchée.

« Je vous présente donc mes souhaits de bienvenue dans le Haut-Nil, et prends bonne note de votre intention de venir à Fachoda, où je serai heureux de vous saluer au nom de la France.

Signé : MARCHAND.

Vers 10 heures, cinq grands bateaux, canonnières et chalands, s'engagent dans la passe qui accède au poste. Il y a là 1800 à 2000 hommes, soldats noirs, Egyptiens et Anglais, et une cinquantaine de canons et de mitrailleuses.

En regard de nos 150 hommes et de notre poignée d'officiers armés de leurs deux canons et de leurs « petites balles d'argent » c'est une force vraiment imposante.

Mais Marchand n'est pas homme à s'en laisser imposer par qui que ce soit, et c'est avec le sentiment d'une égalité absolue, renforcée par la certitude de son droit, qu'il se rend à l'invitation de lord Kitchener qui, en qualité de plus élevé en grade et hiérarchie, le fait prier de passer à son bord pour s'entretenir avec lui.

L'invitation est correcte, protocolaire. Elle est apportée au fort par le 1er aide de camp du Sirdar, le major Cécil, fils aîné du Premier Anglais d'alors, lord Salisbury (1).

(1) Aujourd'hui lord Robert Cécil, le chef du parti libéral anglais, successeur possible de Lloyd George, comme chef du gouvernement britannique.

La conférence à bord du « Dal » est longue, car si un désir d'entente anime les deux interlocuteurs, des instructions d'Etat dont ils sont chacun de son côté porteurs, sont si différentes qu'il leur est malaisé de les concilier avec les circonstances et les nécessités de l'heure.

Le Sirdar voudrait, cela va sans dire, nous voir évacuer Fachoda et y remplacer les couleurs françaises par le drapeau kédivial et le pavillon britannique. Bien entendu Marchand s'y refuse. Une discussion serrée s'en suit au moment psychologique de laquelle lord Kitchener, à bout d'arguments... diplomatiques, se lève (il est sanglé dans l'uniforme kaki qui le grandit encore, l'épée au côté, le revolver à la ceinture) et étendant le bras droit d'un grand geste circulaire sur la flotille de vapeurs et de « cargos » bondés de troupes et d'artillerie qui se presse autour du « Dal » :

« Cependant, major, la prépondérance de mes forces sur les vôtres... »

Ces mots scandés et martelés sont prononcés, épelés pour ainsi dire avec une lenteur impressionnante.

Le commandant Marchand se lève aussi — Le colonel Wingate, et le capitaine Germain qui accompagne le chef de l'expédition française se sont également dressés. — Les quatre interlocuteurs sont très pâles :

« Mon général, la prépondérance des forces militaires ne se démontre que par le combat. »

Et, saluant militairement, le commandant français pivote sur les talons et fait les premiers pas de retour.

Le Sirdar l'arrête : « Major, je ne suis pas autorisé par mon gouvernement à porter l'entretien sur ce terrain ».

« Alors, mon général, vous avez peut-être le petit tort de l'y avoir porté ».

Finalement, et pour en terminer avec un colloque qui ne pourrait, prolongé, qu'apporter le contraire d'une solution heureuse, les interlocuteurs du « Dal » conviennent que le Commandement anglais pourra débarquer 2 bataillons Soudanais sur un léger bossellement de la rive, à 6 ou 700 mètres des murailles du fort, et qu'on attendra dans cette situation la décision remise aux soins des chancelleries.

Lord Kitchener paraît soulagé d'un gros poids ; un soupir de satisfaction gonfle sa poitrine. Il met la main sur l'épaule du chef français :

« Major, si nous prenions un wisky and soda ».

Le breuvage national anglais est absorbé à la santé de S. M. la Reine Victoria et de la glorieuse armée anglo-égyptienne que le Sirdar Kitchener vient de conduire à la victoire.

Un quart d'heure plus tard, dans la case en paille qui sert de salle à manger aux occupants du fort de Fachoda, où lord Kitchener rend à Marchand sa visite, celui-ci, une coupe de champagne français à la main, riposte par un toast fort bien tourné à la grandeur de la France et à la vaillance de son armée.

De cette armée il vient de voir un spécimen sous les espèces de la compagnie de tirailleurs Soudanais de Mangin, rangée dans la cour centrale du fort, et qu'il a passée en revue avant d'entrer dans la salle à manger.

L'impression qu'il éprouve à leur vue est profonde, ainsi que celle de lord Cécil qui, tandis que Kitchener accompagné par Mangin achève de les passer en revue, les montre à Marchand, puis avec un diplomatique sourire : « Major, voilà qui explique et justifie votre geste : Avec une compagnie vous avez traversé l'Afrique, conquis et pacifié la région ; avec mille, grâce aux alliances que vous saurez vous faire en ce pays, vous vous étendriez sur toute l'Afrique... heureux encore si vous nous laissez l'Angleterre (1) !

Avant de regagner son bord, le Sirdar laisse une longue protestation écrite, contre l'occupation française des ruines de Fachoda (19 septembre).

Les jours qui suivent voient la vie reprendre son tour coutumier. Malgré nos travaux de fortification qui s'achèvent en hâte et malgré les canons que les nouveaux arrivés s'empressent de braquer contre elles, des relations courtoises s'établissent, la divergence d'intérêt n'exclut pas l'estime réciproque ; légumes et journaux sont échangés.

Mais la grande joie qu'éprouvent les nôtres à recevoir des nouvelles relativement fraîches, est brève : l'affaire, la honteuse affaire Dreyfus dont ils ignoraient jusqu'au nom, déchire en ce moment le pays : pendant qu'eux luttaient et souffraient pour cette France qu'ils idolâtrent, d'autres, là-bas, au sein de la patrie, semblaient se faire un cruel plaisir de mettre son honneur en lambeaux ! Et ce n'est que le premier acte du drame. Tristes révélations ! et combien les commentaires (trop justement sévères, hélas !) dont les soulignent les journaux étrangers, versent de fiel dans la blessure éprouvée par leur amour-propre national !

(1) C'est de la bouche du général Marchand lui-même que j'ai intégralement recueilli cette version, la seule exacte, de la mémorable entrevue.

Trois semaines traînent, décevant l'attente des nouvelles de France.

Enfin, le 9 octobre, un télégramme de M. Delcassé, Ministre des Affaires étrangères, apporte les félicitations du gouvernement ; il annonce à Marchand sa promotion comme chef de bataillon, lui promet que ses lieutenants — pour lesquels il a demandé des récompenses — ne seront pas oubliés, et le prie d'envoyer l'un d'eux au Caire pour y mettre immédiatement notre représentant au courant de la situation.

C'est Baratier qui se voit chargé de cette mission délicate. Le lendemain, à l'aube, muni d'un long rapport que Marchand a passé la nuit à rédiger, et qui certifie de manière formelle le bon état de ses troupes et la solidité de ses ouvrages fortifiés, il s'éloigne sur un bateau anglais où le Sirdar lui a fait réserver une place.

L'heure décisive va sonner. L'incertitude de l'attente embrume les jours qui suivent ce départ, et l'écœurement éprouvé à la lecture des journaux transforme bientôt cette incertitude en angoisse.

Par choc en retour le Mek nous néglige : il a peur de ces Turcs, fléau du pays, dont les Anglais veulent restaurer l'autorité il, tient à notre présence qui est sa seule sauvegarde contre eux, mais la crainte le rend lâche, il n'ose agir ouvertement et cherche à ménager tout le monde. Nombre de ses administrés, moins pusillanimes, supplient au contraire le commandant Marchand de ne pas les abandonner. Que leur répondre ? sinon que rester est, à lui aussi, son vœu le plus cher. Vœu dont la réalisation ne saurait encore souffrir aucun doute.

Pourtant, des conversations avec des officiers anglais lui révèlent soudain de très graves nouvelles : les pourparlers qui se sont engagés entre les diplomates prennent un tour aigu.

Avec l'acuité de « vue morale » qui le caractérise, le commandant sent le péril. Si invraisemblable que cela puisse paraître, son œuvre est menacée, ou, du moins, elle a une barre à franchir plus difficile que toutes les autres. Un autre officier doit porter la fin de son rapport au Caire. Qui, mieux que lui, saura le défendre ? Et d'urgence il s'y rend lui-même pour se mettre en contact direct avec le Gouvernement Français.

Pendant l'absence de Marchand les rapports des nôtres avec le colonel Jackson, qui remplace lord Kitchener, sont loin d'être aussi réguliers qu'ils l'étaient avec ce dernier. La cordialité qui règne par moment est intermittente, quelques menaces à l'égard des habitants, suivis du conseil de ne plus nous ravitailler, révèlent même une sourde hostilité. N'insistons pas, le commandant a dit par ailleurs la haute estime en laquelle il tenait lord Kitchener, la race anglaise « à laquelle ses rivaux, eux-mêmes, ne sauraient refuser toutes les solides qualités et les brillants défauts qui font les peuples maîtres, les grandes nations vivantes et fières (1). »

En outre, il s'est sacrifié sans murmure d'une part pour que les divisions qui déchiraient notre malheureux pays ne se voient pas accentuer, de l'autre pour que la paix continue à régner entre nous et la grande

(1) Colonel Marchand : Figaro, 9 sept, 1904.

nation voisine. Il a laissé la méchanceté et la bêtise tirer les conclusions les plus ineptes, ajouter les commentaires les plus faux à ce geste trop noble pour être compris de certains. Ce qu'il a souffert, nul n'est admis à le savoir. Le général n'est pas de ceux à qui il convient de se faire plaindre. Mais trop haute est cette abnégation pour qu'elle n'impose pas silence.

Elle a d'ailleurs porté ses fruits, l'entente cordiale a été rendue possible par ce sacrifice. Elle est aujourd'hui cimentée par le sang. Des jeunes hommes français et anglais après avoir lutté côte à côte sur la terre de France, y dorment côte à côte leur dernier sommeil. Le souvenir de Fachoda, si pénible qu'il puisse nous rester, ne doit plus être que de l'histoire.

Le gouvernement anglais luttait pour son pays et pour ses soldats, sans doute a-t-il quelque peu alors, comme trop souvent, forcé la mesure, mais enfin c'était au nôtre à se défendre ou, plus exactement, à aller au bout d'un geste dont il avait, en l'ordonnant, dû envisager toutes les conséquences.

Elles pouvaient être de haute envergure.

Quand ce geste avait été ordonné, notre diplomatie se proposait de tirer partie de l'occupation de Fachoda pour soulever une fois de plus la question de l'évacuation de l'Egypte, pour faire valoir les droits de la France sur la haute vallée du Nil ou tout au moins pour en obtenir l'indépendance.

Depuis assez longtemps les Egyptiens, tournés vers nous, escomptaient notre appui pour la recouvrer (les derniers événements, qui viennent de se produire, prouvent combien leur désir était vivace).

D'autre part ce pouvoir turc que nos compétiteurs

voulaient rétablir était exécré de toute la région. C'est la crainte que nous soyons des Turcs qui nous avait valu, en grande partie, l'hostilité irréductible des Djinghés pittoresquement exprimée par un chef : « Peut-être bien, après tout, n'êtes-vous pas des Turcs, disait-il à l'officier qui essayait de le convaincre, mais quand on a vu une fois une bête malfaisante et qu'on en rencontre une autre qui lui ressemble, on se méfie ! »

Tous ces arguments et d'autres encore, principalement, en dépit de certaines apparences, le peu de désir de l'Angleterre, aux prises déjà avec les Boers, de déchaîner un conflit sanglant, nous faisaient la partie belle. Mais ceux qui dirigeaient alors la France étaient-ils aptes à en tirer partie ?

Bref, si les événements qui se déroulèrent en ces heures tragiques ne sauraient être oubliés (car l'histoire, grande éducatrice des générations futures, doit être conservée intégrale), du moins doit-on jeter sur eux un épais voile d'apaisement.

Ce que furent, malgré tout et tous, les conséquences de la Mission, nous y reviendrons plus loin. En ces pages, douloureuses à tracer pour une plume française, nous n'en sommes encore qu'à son calvaire.

Pendant que Marchand partait pour le Caire, Baratier, lui, avait été appelé à Paris, puis en était revenu, sans avoir rien pu obtenir de définitif ou de concluant. Attendre est donc l'unique consigne. Marchand et lui sont là, haletants, espérant anxieusement les nouvelles. Que va-t-on décider en France ? On y joue l'intérêt du pays auquel leurs efforts et leurs succès ont préparé une part si belle. Va-t-on garder le gain intégral ? En cédera-t-on une partie ? Au moins, saura-ton, en ce cas, exiger des compensations suffisantes ? Déjà des communications ont été faites, mais aucune décision n'est encore intervenue. Ils sont là au Caire, dans le bureau de l'agence diplomatique. Silencieux, émus, ils attendent. Enfin une dépêche est remise au commandant, ils vont savoir. Marchand ouvre, il lit... et telle est la douleur qui l'étreint qu'il ne peut formuler une parole. Il tend en silence le funeste message à celui qui depuis des années est le plus cher de ses frères d'armes. Et la même douleur, le même anéantissement envahissent l'âme de Baratier.

Ordre est donné de céder la place : Fachoda sera évacuée sans conditions !

Un silence plane éloquent, mortel. Les souffrances, leurs luttes perdues, cela n'est rien pour ces deux hommes, ils ont dès le jour où ils se sont mis au service du drapeau fait le sacrifice de leur moi. Mais la France ! la patrie aimée, c'est elle qui recule, c'est elle qu'on fruste ! Ils sont là devant leur œuvre comme deux sauveteurs devant un être cher qu'ils auraient arraché à la tempête et qui, après l'avoir sauvé du péril, le verraient mourir inutilement sur la rive, victime d'une incurie coupable.

Ils restent là, muets, hatelants, les yeux brillants, les dents serrées... Mais je préfère passer la plume au capitaine Baratier qui a lui-même noté cet instant douloureux dans la préface de son livre : *Au Congo* dédié au commandant Marchand :

« Nous étions au Caire, dans le bureau de l'agence diplomatique, rappelle-t-il à son frère d'armes, nous venions de lire une dépêche devant laquelle nous restions muets. C'était l'ordre de reculer. Notre cœur se brisait. A quoi bon nous communiquer nos pensées ? Nous les connaissions depuis si longtemps ! nous marchions l'un près de l'autre vers le même but ! Pourtant, à ce moment la douleur nous rapprocha sans doute plus étroitement encore ; à un mot que je prononçai, tu me regardas et tu me demandas : « Pourquoi nous dire vous ? » Jusqu'ici nous ne nous étions pas tutoyés ; nous n'y avions jamais songé... »

Qu'ajouter à cela, quels mots, mieux que cette simple phrase prouvant leur besoin de se rapprocher, de s'étayer en quelque sorte l'un sur l'autre pour mieux faire face au destin, sauraient révéler le déchirement intense de ces hommes ! (1)

Et c'est alors le chemin de croix, le retour à Fachoda le 8 novembre... Les préparatifs de départ.

Les Anglais, dont le triomphe reste discret, font tout pour atténuer la douleur qu'ils sentent au cœur de leurs camarades français ; soldats comme eux, ils savent ce qu'ils souffriraient à leur place.

(1) Dans un premier télégramme, le ministre essayant de rejeter sur Marchand son inqualifiable faiblesse, disait que l'état sanitaire de la Mission l'obligeait à la rappeler.

Le commandant avait bondi sous l'outrage et répondu (en dépit des protestations de notre chargé d'affaires qui trouvait les termes du message peu protocolaires) que le ministre en avait menti, que l'état sanitaire était satisfaisant, son rapport en faisait foi qu'il n'avait en outre rien à craindre des Anglais. Qu'il resterait à Fachoda, s'y défendrait et que, naturellement il donnait sa démission.

Après une longue indécision, Delcassé répondait par un télégramme qui, si douloureux soit-il pour des cœurs français, remettait au moins les choses au point :

« La situation politique oblige le gouverneur à évacuer Fachoda et vous prie de procéder à l'évacuation en France par l'Egypte. »

Il n'y avait plus qu'à s'incliner.

Au cours du repas d'adieu qu'ils offrent à la Mission, au moment des toasts la musique anglaise joue la Marseillaise, le colonel Jackson se lève, tend au commandant Marchand le pavillon qui flottait sur le *Safia* lorsqu'il attaqua notre poste et le lui offre au nom de son bataillon, le 11e, auquel ce drapeau a été remis :

« Commandant, ce pavillon est à vous. Vous l'avez gagné le 25 août dernier, et il serait déjà entre vos mains, si vous aviez eu votre *Faidherbe* pour aller le prendre ».

« Notre chef a accepté, ajoute le Dr Emily (1) et a remercié les larmes aux yeux, larmes de dépit et de douleur, larmes aussi de reconnaissance.

« Ce morceau d'étoffe troué par nos balles sera le seul souvenir qui nous restera de Fachoda. Oui, le colonel anglais à raison : ce drapeau est bien à nous. La domination sur la vallée du Nil nous échappe, le Bahr-el-Ghazal nous est ravi et, pour prix de notre effort, comme témoignage de toutes les misères, de toutes les souffrances que nous avons endurées depuis deux ans, c'est tout ce que nous rapportons... un peu de gloire dans les plis d'un drapeau madhiste.

Et, plus loin:

« *Fachoda, samedi 10 décembre* (2).

« Voilà cinq mois, jour pour jour, que nous sommes ici ! Et demain nous cédons la place à d'autres. Les murs écroulés que nous avons refaits, les fossés que nous avons vidés et nettoyés, les bastions, les retran-

(1) Dr Emily, ouv. cité, p. 86.
(2) Dr Emily, ouv. cité, p. 86.

chements, le fort que, de nos mains, nous avons élevés, nous allons les abandonner. Ces cases remplies de farine et de vivres, ces deux vaches laitières, tout, jusqu'au jardin potager, que nous avons fait sortir de la vase du Nil, deviendra demain la propriété de nos heureux compétiteurs. Et ce mât de pavillon, au haut duquel, durant la moitié d'une année, ont flotté les couleurs de la France servira demain à hisser le drapeau de l'Angleterre !...

« Nos tirailleurs, gens simples et bornés, habitués à savoir de nous le pourquoi des choses, nous interrogent et voudraient connaître la raison de ce départ. Pour une fois, le blanc balbutie une réponse évasive.. le blanc ne sait pas... Que dire? en effet, que répondre ? »

« *Sur le Nil Blanc. Dimanche 11 décembre.*

« C'en est fait nous, partons ! A la remorque du *Faidherbe*, nous défilons devant le camp anglais et les deux canonnières qui sont ancrées là. Les Soudaniehs sont sur la rive et présentent les armes, les officiers saluent de l'épée, la musique joue la Marseillaise, nous levons nos chapeaux... et nous passons, nous passons tristes, mais fiers, les yeux mouillés, mais la tête haute, convaincus de ne pas avoir mérité l'humiliation que les circonstances nous infligent !

« Notre convoi s'arrête vers 6 heures du soir sur un coin de la rive droite et nous prenons le campement pour la nuit.

« *Sur le Nil Blanc. Lundi 12 décembre.*

« Nous partons à 5 heures et demie. Pas de brise,

nous avançons lentement. Le bois qui sert à chauffer les chaudières du *Faidherbe* est mauvais, la pression très faible, et le courant contre lequel nous marchons est considérable.

« Hier matin, tandis que Largeau, Landeroin et moi parcourions une dernière fois le camp, faisant nos adieux, des adieux éternels sans doute, à ce qui fut le poste français de Fachoda, nous avons été accostés par un officier égyptien, un lieutenant qui, après nous avoir salués, a demandé à nous serrer la main et à nous parler : « Au nom de tous mes camarades, je puis vous déclarer que ce jour sera le plus malheureux de notre vie, nous sommes navrés de vous voir partir ». Cet officier disait vrai, le sentiment qu'il exprimait, le commandant Marchand et le capitaine Baratier l'avaient entendu exprimer cent fois au cours de leur voyage en Egypte... »

Non certes, elle n'a pas mérité cette humiliation, cette pléiade de héros que l'univers entier nous envie et auxquels leurs heureux compétiteurs ne se lassent pas de répéter :

« Nous souhaiterions que vous fussiez Anglais.

« Ah ! si vous aviez été Anglais, comme notre Gouvernement vous eût soutenus ! »

Mots qui font briller les yeux de fierté... mais qui les diamantent aussi de larmes !

Malgré la bonne grâce avec laquelle la proposition lui est faite, Marchand refuse pour lui et pour les siens, de partir sur les canonnières anglaises. Revenir, comme des captifs à bord des vaisseaux des vainqueurs, ne lui semble pas acceptable et ses héroïques compagnons sont unanimes à l'approuver. Seuls deux sous-officiers et six tirailleurs, trop affaiblis pour endurer de nouvelles fatigues, partiront sur un bateau anglais ; ils emporteront avec eux, (ironie du sort après la campagne de presse menée à grand bruit pour faire croire *ubi* et *orbi* que la Mission manquait du nécessaire) plusieurs caisses de munitions de toutes sortes et un stock important de ravitaillement, d'étoffes, de perles, de matières d'échange.

Le reste de la Mission prendra la route de l'Abyssinie ; c'est-à-dire qu'elle remontera le Nil jusqu'au confluent du Barrô et de la Djouba, puis suivra le Barrô, fleuve encore inexploré, jusqu'aux contreforts éthiopiens, où Marchand le suppose devoir la conduire.

Devant les préparatifs menés en hâte, grande a été la consternation tant chez les indigènes que chez les soldats égyptiens du camp anglais.

Il faut pourtant donner le signal du départ. Nombre de riverains se mettent à suivre la Mission, la conjurant de rester et de la défendre contre les Turcs unanimement redoutés et haïs.

Quel déchirement pour Marchand que tous ces vains appels auxquels il ne peut répondre, et combien ils rendent plus lourd un départ considéré par beaucoup comme un abandon ! Il faut néanmoins continuer sa route. Triste odyssée, en dépit de ces sympathies qui, si elles crispent la raison, font chaud au cœur, et triste Noël que ce troisième Noël de Mission passé comme dit le docteur : « En panne sur un fleuve inexploré, dans l'impossibilité de savoir où et quand nous sortirons d'ici. »

Le pauvre *Faidherbe* n'en peut plus, poussif il ne

va maintenant guère plus vite que les baleinières. La navigation difficile fait penser à quelques rudes passages du Soueh. Mais alors, on avait l'espérance en poupe ! Tandis qu'à présent...

Les habitants, en outre, sont d'une sauvagerie telle qu'ils ne se laissent pas approcher, impossible d'en obtenir aucune aide ; tout semble conspirer contre la Mission. Heureusement l'on gagne une tribu chilouk chez laquelle la voix de la renommée a fait retentir le nom de Marchand, et là de nombreuses charges de bois et de farine peuvent enfin être obtenues.

Mais la navigation continue à être semée d'embûches, de constantes réparations sont nécessaires. Pendant qu'on les exécute, Marchand part en exploration et reconnaît une partie de la route sur laquelle on va s'engager.

Mais bientôt, le *Faidherbe* n'a même plus la force de remorquer l'*Etienne*, il faut démonter le chaland. Si lente est la marche que les tirailleurs suivent les embarcations de la rive... quand il ne leur faut pas se mettre à l'eau pour les pousser.

On arrive à faire sur le Barrô des journées de 3 kilm. Bientôt le lit du fleuve « n'est plus qu'une succession d'escaliers sur lesquels l'eau roule impétueuse et rapide sans aucune profondeur ; toute navigation à la vapeur devient impossible ». Il faut alors abandonner les embarcations et c'est le cœur lourd, les confiant à la garde problématique des indigènes, qu'on quitte ces amis des bons et des mauvais jours... Un déchirement de plus à ajouter à tous les autres !

Marchand à nouveau pousse une pointe en avant avec Baratier.

Le 24 janvier, au soir, il gagne Souka en terre abyssine. Cette fois le décor change définitivement, c'est avec un grand empressement que le chef indigène de ce village l'accueille, le félicite et lui promet le plus actif des concours. A quelques jours de là, une lettre de M. Faivre (un des membres de la Mission Bonchamps) lui apporte ses compliments ainsi que ceux du dedjaz Thessama, vice-roi d'une province abyssine, et lui annonce que ce haut dignitaire a spécialement chargé un de ses « fittorari » (général de brigade) de se porter à sa rencontre. Les Abyssins se chargeront de faire circuler les bagages de la Mission ; serviteurs et mulets seront mis à la disposition de ses membres. Au lieu de gens apeurés fuyant à leur approche, ils ne rencontreront plus maintenant que des Abyssins dont la cohue joyeuse se dispute l'honneur de les escorter. Cette fois l'ère des tribulations — du moins de celles à supporter en terre étrangère — est close. Des mains amies se tendent de toutes parts et c'est non en vaincus, non même en vainqueurs, mais en triomphateurs, en héros, que Marchand et sa Mission vont traverser l'Abyssinie.

Quand ils entrent à Goré, pour rendre visite à Thessama, l'armée indigène les précède musique en tête, des domestiques se pressent autour des montures.

« Au nombre de quatre au moins, deux de chaque côté, ils mettent leur main droite s'ils sont à gauche, leur main gauche s'ils sont à droite, sur l'encolure ou sur la croupe de nos mulets et nous escortent ainsi ; quelle que soit l'allure que nous prenions sans nous quitter un seul instant. C'est là, paraît-il, une coutume nationale, qui constitue un honneur qu'on ne rend

MARCHAND REÇU PAR MÉNÉLICK.

Cliché Taillandier

qu'aux grands chefs. Une vraie grappe humaine est pendue aux flancs de la mule grise du commandant » (1).

Et quand le groupe arrive devant la demeure du dedjaz, les soldats rendent les honneurs, les étendards flottent, les tambours battent. La réception est grandiose. Debout, adossés au mur, les plus nobles guerriers font la haie, vêtus de couleurs éclatantes, portant leurs armes et leurs boucliers rehaussés d'or et d'argent « et l'or, l'argent, le grenat des velours et le noir des cuirs se mêlent, se marient dans un magnifique et superbe désordre. »

L'après-midi, c'est le dedjaz qui se rend chez le commandant, et les jours suivants voient se multiplier des visites qui resserrent étroitement les liens qui unissent la France à l'Abyssinie. Dans ce pays où le courage et l'audace sont en extrême honneur, l'héroïque tour de force que vient d'accomplir Marchand excite des admirations enthousiastes.

Quand la Mission enfin quitte Goré, Thessamas ne sait que faire pour lui témoigner sa sympathie, chaque membre reçoit en cadeau une mule toute harnachée. Et le commandant se voit offrir entre autre comme souvenirs personnels : un superbe costume soie et or de grand dignitaire abyssin, un magnifique cheval gris caparaçonné et harnaché de façon princière, un paquet de lances et un bouclier en velours grenat lamé de métal précieux qui constitue en Abyssinie l'insigne du commandement en chef.

Quand il quitte Goré, un serviteur affecté spécialement à sa personne porte derrière lui les lances et le

(1) Dr Emily, ouv. cité, p. 86.

bouclier, gage de sa dignité nouvelle qui lui assureront, dans tout l'empire éthiopien, le respect et l'obéissance.

L'impression produite sur Thessamas par le commandant est telle, et telle est son admiration pour le « héros blanc » qu'il tient à l'accompagner en personne pendant quelques kilomètres et qu'il ne se sépare pas de lui sans une émotion profonde.

« Sans doute, comme le remarque le Dr Emily, Marchand a-t-il fait passer une étincelle du feu ardent qui brûle en lui dans l'esprit de Thessamas, gardien des frontières d'Ethiopie et chargé par le Négus, son cousin, de veiller à l'intégrité de l'empire ? »

Toute grande passion se projette en quelque sorte en dehors de l'âme de celui qui l'éprouve et gagne par son rayonnement les âmes et les cœurs autour de lui. Le magnétisme qui se dégage des prunelles de Marchand et la force de sa volonté ont souvent accompli ce miracle.

Il faut l'avoir entendu parler de la France, il faut avoir saisi l'intonation chaude, spéciale, avec laquelle il prononce le mot sacré, pour sentir que, pour lui, c'est non seulement une tendresse et une passion dans ce qu'elle a de plus pur, c'est un culte agenouillé impliquant l'oubli total du moi, et se résumant tout entier dans ces trois mots simples et sublimes : se sacrifier, servir, convaincre !

La route continue facile, grâce au bon état des montures, aux transports des charges assurées par les indigènes et aux derghos préparés par eux. Ce derghos est le repas que tout chef abyssin doit au chef plus important qui traverse ses Etats. La haute dignité conférée à Marchand lui donne ce droit dans tout l'empire. Naturellement il paye largement ces repas toujours copieux et soignés, mais les tracas du ravitaillement se trouvent ainsi aplanis.

C'est donc sinon sans fatigues, du moins avec tous les adoucissements que la sympathie peuvent apporter à une grande douleur, que s'accomplit la route jusqu'à Addis-Abbeba, capitale de l'Ethiopie.

Une fois encore Marchand qui lutte contre la fièvre doit soutenir contre elle de violents assauts, il ne tient debout qu'à force de volonté. Pourtant c'est à l'heure convenue qu'il entre dans la capitale.

Là, de nouveaux honneurs attendent la Mission. M. Ilg, conseiller du Négus, vient saluer le commandant de la part de son auguste maître, lui témoigner le très grand désir qu'éprouve Ménélick de le voir s'attarder dans sa ville, jusqu'à ce que lui-même (parti en campagne de répression contre un de ses Raz) puisse y être de retour.

L'attente se prolonge quinze jours pendant lesquels les Français de la capitale, les Russes et même toute la colonie européenne, ainsi d'ailleurs que les principaux chefs indigènes, font à la Mission l'accueil le plus chaleureux.

Sitôt le retour du Négus elle lui est tout entière présentée. La cérémonie, assez simple à cause d'un deuil récent qui vient de frapper Ménélick, est en revanche d'une cordialité extrême; après la réception générale, il s'entretient longuement avec le commandant Marchand et M. Lagarde, ministre de France. Les questions les plus délicates de la politique abyssine sont envisagées, quelques-unes même sont résolues à notre avantage... et cette fois encore le jeune commandant peut se flatter d'avoir bien su servir la France.

Enfin le samedi 8 avril, le clairon sonne le départ, non sans que tous les membres de la Mission se soient vu conférer des décorations abyssines. Marchand est nommé pour sa part grand officier de l'Etoile d'Ethiopie.

Et c'est à nouveau la marche étape par étape, la marche à la mer. Le climat froid, si différent de celui du Congo, éprouve beaucoup les tirailleurs et même les Européens déshabitués de ces basses températures; mais on supporte tout sans se plaindre car, cette fois, c'est le dernier bond avant de faire voile pour la France.

Par une cruelle ironie du sort, c'est au moment où la Mission va accomplir ce dernier bond, subir les dernières fatigues de ces trois années de souffrances et d'efforts constants, qu'elle en apprend l'inutilité totale : non contente d'évacuer Fachoda, c'est tout le Bar-el-Ghazal que la France consent à abandonner. Rien, absolument rien, ne nous reste donc plus des possessions si chèrement acquises.

Marchand, à quelques jours de là, apprend bien sa promotion au grade de commandeur de la Légion d'honneur (1). C'est assurément une grande joie pour lui que cette haute distinction jamais conférée pour

(1) Par décret du 29 mars 1899, au grade de commandeur, M. Marchand (Jean Baptiste) chef de bataillon d'I. M. 15 ans 6 mois services ; 10 campagnes dont 6 de guerre. 1 blessure grave à l'assaut de Koundian (Soudan 1889). 1 blessure à l'assaut de Diéna (Soudan 1891) faits de guerre : prise de Thassalé 1893 ; expédition de Kong 1895.

(Il est curieux de constater que la « Mission Marchand » est oubliée par ce décret).

ainsi dire à un soldat de son âge et de son grade. Mais qu'est-ce à côté de l'écroulement de son œuvre? S'il ne se souciait que de sa carrière, sa satisfaction serait absolue, mais pour les hommes de sa trempe, seul le résultat compte, relatif à l'idée à laquelle ils ont consacré leur vie... et le résultat obtenu par lui achève d'être irrémédiablement et totalement gâché par d'autres. Diverses nouvelles, pénibles par leur mesquinerie gravitent autour de ces points principaux; mais à quoi bon s'y attacher. La mesquinerie désormais ne va-t-elle pas s'acharner sur lui?...

Pour l'instant, l'heure de l'arrivée à Djibouti approche. Après le départ de Harrar, capital du Raz Makonem, encore le désert à traverser, des contretemps climatériques à subir, et soudain, dans le ciel joyeux, apparaît le drapeau tricolore qui marque l'extrême pointe de nos possessions de la côte des Somalis.

C'est un peu, déjà, la Patrie retrouvée.

Elle ne va d'ailleurs plus tarder à l'être bientôt tout entière. Le surlendemain on gagne Djibouti (16 mai 1899), et l'on monte enfin à bord du d'*Assas* qui attend la Mission pour la ramener en France.

Douze jours plus tard le groupe héroïque atteignait le port de Marseille.

La traversée de la France fut une marche triomphale. A Paris ce fut du délire: on riait, on criait avec des sanglots dans la voix. Une rage aussi, une colère contenue, sourdait de la foule qui défilait en vagues sonores sous le balcon du cercle militaire, acclamant encore, acclamant toujours :

« Marchand! Marchand! Tous! Tous! Vive la France! Vive Marchand! » Mais ce qui dominait dans ces milliers de poitrines, c'était la joie, c'était l'orgueil du pays comme retrouvé.

Des inconnus s'abordaient, se parlaient, comme aux heures de grandes crises. Tels des passagers arrachés au naufrage on se félicitait sans se connaître. Tous les vrais Français, les Français de cœur, ne se sentaient-ils pas un peu sauvés ?... sauvés du mépris, sauvés de la honte !

Un souffle d'héroïsme passait, de ce viril héroïsme français qui a toujours aimé la gloire et adoré ses fils soldats, souffle bienfaisant du large qui chassait les miasmes malsains, balayant, grande rafale d'air pur toutes les puanteurs du marais.

Ainsi que je l'ai dit dans un précédent ouvrage (1) Quand on y songe après plus de vingt années de recul ce fut bien cela, cette Mission, la gloire d'un lever de soleil au-dessus d'un marais stagnant. F. Lamy a raison de dire dans sa préface du livre du docteur Emily :

« ... Par ces souffrances des Français avaient conquis à la France un domaine dont elle n'a rien gardé. Souffrances et conquêtes ne sont aujourd'hui qu'un souvenir.

« Mais le souvenir de nobles efforts n'est jamais inutile. Même quand ils ont échoué, la beauté de la tentative suffit à les recommander au respect. Leur histoire, ne mit-elle en lumière que la vertu ou le génie d'un seul, vaut d'être conservée. Combien davantage, si dans une longue entreprise apparaît la collaboration volontaire continue, de tous ceux qui

(1) Mangin : M. Dutrèb et de Granier de Cassagnac, Payot, Paris 1920.

l'ont servie et si leurs qualités sont celles d'une race !

« Les gouvernements se transforment, la fortune change et la race reste. »

Depuis, la race sut en effet témoigner de sa vitalité 1914-1918 en furent les glorieux témoins. Mais il est certain que la conscience d'elle-même, de sa valeur et de son devoir, reprise par la France d'alors fut le premier pas hors du péril qui la menait droit à sa perte.

A l'étranger la répercussion fut énorme ; la vieille décadence française qui était, pour beaucoup un leitmotiv de premier choix fut reléguée « au musée archaïque des vieilles guitares et autres instruments des moments de tension ». La France soudain, grâce à Marchand, se révélait aux yeux de tous en pleine et splendide floraison.

Modeste comme tous les vrais héros, il ne se fut jamais douté de l'admiration mondiale soulevée par lui, si des témoignages directs ne s'étaient pas chargés de la lui prouver. Nul être vivant peut-être n'en reçut d'aussi éclatant :

Un livre d'or où un million de signatures attestent leur admiration lui fut remis en souvenir.

Une carte marmoréenne de l'Afrique retraça en un chemin de diamants la route qu'il avait suivie.

De Russie, d'Amérique, d'Angleterre même, il recevait les plus ardentes preuves d'estime et d'admiration.

Certains offraient fortunes et joyaux. D'autres de très humbles travaux formés par leurs mains inhabiles; hommages princiers, hommages grandioses, hommages imprévus et touchants, montaient inlassablement vers lui.

Celui de Saint-Cyr fut, au milieu de cette gerbe glorieuse, un des plus caractéristique : chaque promotion porte, comme on sait, un nom illustre, nom de bataille, nom de haut fait ou nom de général mort. Sur ce dernier point la règle était formelle, jamais depuis la formation de l'école, le nom d'un vivant n avait été choisi...

Le général Maillard qui en était alors directeur estima qu'à un fait exceptionnel un hommage exceptionnel était dû. Il déclara donc que la promotion 1899 serait la promotion Marchand. « Je m'en souviens comme si c'était hier, — me disait un jeune Saint-Cyrien d'alors, actuellement officier supérieur du plus grand avenir — à un moment donné lors de cette fête annuelle qu'est le « Triomphe » le père Système prie le général commandant l'école de baptiser la promotion.

« Le nom? quel sera le nom, demanda-t-il.

Et de sa voix grave que l'émotion rendait plus grave encore, le général commandant de répondre :

— « Elle sera la promotion Marchand. »

A ces mots les képis s'agitent, les jeunes voix acclament, les yeux brillent d'orgueil joyeux. Jamais, de mémoire de soldat, de telles acclamations n'avaient retenti à Saint-Cyr. Il semblait à cette jeunesse que l'exceptionnelle vaillance de celui qui venait de leur être donné pour parrain rejaillirait un peu sur eux, les marquant d'un sceau indélébile.

Certains ont eu des carrières brillantes, d'autres demeurent effacés, beaucoup dorment hélas leur dernier sommeil dans nos tranchées de la Somme ou de la Woëvre, mais un souvenir unique vibre en leur âme, et plus d'un, aux heures lourdes, pendant les veillées de la grande guerre, murmura le nom de son héroïque parrain comme un exemple et un réconfort.

Devant cette admiration mondiale soulevée par un héros, devant les témoignages particuliers qui lui sont offerts, on attend l'éclatante faveur officielle qui en quelque sorte les consacrera. Promotions et décorations lui sont bien dévolues (1), mais cela, c'est monnaie courante ; et l'on estime avec le général Maillard qu'à cette action exceptionnelle, une exceptionnelle récompense est due :

Les yeux tournés vers le ciel de France qui grâce à lui semble plus bleu en sa luminosité retrouvée, on se demande qu'elle nouvelle étoile on va choisir parmi ses constellations d'honneur pour la lui donner. Quel remercîment glorieux on va inventer, quel rôle surtout on va lui demander de remplir, car avoir l'occasion de servir son pays est encore la plus belle récompense qui puisse échoir à un vaillant.

Or, que reçoit-il ? C'est bien simple :

Pour honneur : une suspicion insultante.

Pour récompense : un demi exil.

Pour rôle à remplir : disparaître !

Voilà la façon inouïe dont les gouvernants d'alors surent reconnaître l'action d'éclat ! (2)

(1) Comme récompense nationale accordée à tous les Français qui ont fait partie de la Mission « est décernée la médaille coloniale » ornée pour tous d'une agrafe en or sur laquelle sera gravée l'inscription suivante : « De l'Atlantique à la mer Rouge ».

(2) Pour comprendre pareil procédé, il faut se souvenir des heures que la France vivait alors : Félix Faure était mort qui se proposait d'aller recevoir la Mission à Marseille (geste dont la portée politique eût été grande).

A la présidence se cramponnait l'homme qui, accueilli par

Le sentiment que Marchand inspire à ces hommes n'est ni la reconnaissance patriotique ni l'admiration ; c'est la peur aveuglante et basse. Ils oublient que des êtres comme lui ne sont pas des fomentateurs de troubles ; cet homme de lutte haute et noble, cet homme de volonté créatrice est « incapable de supporter une forme de l'action qui puisse servir à l'agitation » comme il l'a dit lui-même plus tard en une formule lapidaire, pour expliquer les raisons qui l'ont poussé à démissionner.

En cet automne 1899, il luttait encore malgré les procédés inqualifiables qu'on employait à son égard (1).

Ce n'est pas à la légère que j'ai parlé de demi-exil ; tandis qu'amis et ennemis nous enviaient notre héros, nos gouvernants créaient à son intention une situation exceptionnelle. Craignant qu'en rentrant à Paris il parvînt, même involontairement, à y provoquer des troubles, on le pria de rester quelque temps en dehors de la capitale. Il passa ainsi quatre longs mois, deux à Barbizon, deux à Fontainebleau, dans une sorte d'exil déguisé.

« Las de cette retraite, pensant avec raison que la

huées et sifflets, s'obstinait à représenter malgré lui, le peuple qui le conspuait.

Au ministère de la guerre « l'homme des fiches » et un peu partout leur esprit : Fonctionnaires et officiers jugés non d'après leurs mérites, mais selon leurs convictions personnelles. Partout la bassesse et la délation.

(1) Ici, et je le dis une fois pour toutes, une remarque s'impose : chaque fois qu'une personne est mise en cause, c'est par moi *seul*. Le général m'a suggéré — je devrais dire *enjoint* — la plus large indulgence. Mais il ne saurait me tenir rigueur de parler selon ma conscience et le devoir professionnel veut que je dise ma pensée. Pourtant, par déférence pour lui, j'en ai maintes fois atténué l'expression.

« signification exacte qu'aurait son acceptation de prolonger davantage la durée du témoignage de loyalisme qui lui avait été demandé serait celle d'un aveu d'il ne savait quelle culpabilité... » il en appela à Waldeck-Rousseau, comme il le relata plus tard dans un article sur lequel nous reviendrons et qui, mieux que je ne pourrais le faire, révèle ses sentiments d'alors. Il demandait :

« De rentrer à Paris, de voir mettre un terme à l'extraordinaire position d'officier de l'armée française qui avait été créé pour son usage. »

« En ce qui me concernait spécialement, ajoute-t-il, je n'avais plus aucune ambition, aucune illusion non plus, mais je ne repousserais aucun défi et accepterais tous les terrains de combat qui me seraient offerts, me contentant seulement de ne pas être l'agresseur. »

« ...Lorsque je me retirais, j'avais la conviction que dans la poitrine de cet homme il y avait la notion — toujours un peu fanatique par des temps pareils — d'un dur devoir à remplir et il savait que dans la mienne il ne pouvait entrer d'autre sentiment que celui du dévoùment le plus pur, et s'il le fallait, du sacrifice entier pour le pays. Je consentis à essayer encore de porter des galons. »

On peut juger quelle souffrance, quel écœurement douloureux de tels procédés mirent en lui. Peut-être est-ce la source de cette mélancolie poignante qui plane à jamais dans ses yeux, jadis, paraît-il, gais et rieurs ? Je ne saurais le dire, mais il est certain que peu de regards révèlent une telle intensité de souffrances imméritées et pourtant dignement consenties.

Après avoir évoqué ses déboires et avoir exposé plus haut comment trois ans d'efforts héroïques avaient été momentanément gâchés, je ne veux pas clore ce chapitre sans dire leur tardive efflo-raison.

La Mission Marchand ne fut pas un tronc mort, ce fut un magnifique arbre coupé, coupé certes au ras de terre, mais dont les racines vivaces firent jaillir du tronc mutilé de fécondes ramifications.

Au premier plan nous avons vu la fierté morale, l'estime mondiale que la gloire de la Mission nous rendit. Cette estime eut sur nos relations diplomatiques, nos accords secrets, nos futures alliances plus de répercussion qu'on ne saurait se l'imaginer. En outre si l'abnégation de Marchand rendit l'entente cordiale possible, sa glorieuse traversée africaine causa, à l'insu même des Anglais, le premier sursaut d'admiration qui fit de l'autre côté de la Manche juger cette alliance souhaitable. Ses conséquences sur la dernière guerre sont trop présentes à toutes les mémoires pour qu'il soit besoin d'y insister.

En regard de ces incalculables avantages que nous pourrons taxer de moraux, bien que leurs conséquences fussent tangibles, il sied de rappeler les compensations matérielles qui nous furent plus tard consenties :

Le souvenir de Fachoda fit fortement contrepoids dans la balance en notre faveur au moment des accords marocains et aussi dans l'obtention par nous d'un important morceau du Sahara central.

Certes, à côté du rêve de Marchand, ce fut peu de

Cliché Pierre Petit.

LE COMMANDANT MARCHAND AU RETOUR DE LA MISSION.

chose, mais il est consolant quand même de savoir que tous ses efforts ne furent pas perdus.

Fachoda, qui fut pourtant une défaite française, marqua comme un pas en avant, et engendra dans la douleur la bienfaisante évolution dont fut régénérée la France.

CHAPITRE VII

L'EXPÉDITION DE CHINE.

NOUVELLE CAMPAGNE. — RÔLE DE LA FRANCE. — INFLUENCE MORALE DU COLONEL MARCHAND. — ADMIRATIONS ÉTRANGÈRES. — L'INCENDIE. — LA « MAISON DE L'EMPEREUR ». — LE TRAIN IMPÉRIAL. — LE TSAR DEMANDE MARCHAND. — REFUS DU GOUVERNEMENT FRANÇAIS. — NOUVELLES MALVEILLANCES. — DÉMISSION.

Peu de mois après l'étrange traitement Barbizon-Fontainebleau que Marchand s'était vu infliger en automne 1899, l'expédition de Chine venait offrir un prétexte facile à son éloignement en même temps qu'à son étouffement.

Les circonstances particulières dans lesquelles se déroulait cette campagne, permettaient d'utiliser ses qualités diplomatiques, et celles-là, plus que toutes autres, étant faciles à passer sous silence.

Dans ce pays des fleurs les plus merveilleuses et des supplices les plus atroces, de la plus ancienne civilisation et de la pire barbarie, une violente insurrection venait d'éclater contre l'étranger.

Les légations de Pékin assiégées, les concessions de Tien-Tsin attaquées, le massacre et le supplice de nombre de nos ressortissants et d'Européens de toute nationalité, nécessitaient une intervention énergique.

Mais de même que la France n'était pas la seule puissance lésée, de même elle n'était pas seule à mener la campagne de répression. La Russie, l'Amérique, l'Angleterre, l'Italie, le Japon, l'Autriche et l'Allemagne agissaient, sinon solidairement, du moins simultanément avec elle. Les troupes alliées étaient placées sous le haut commandement du feld maréchal comte de Waldersée, général en chef des troupes allemandes le plus haut en grade et le plus avancé en âge de tous les chefs de contingents envoyés.

La France avait gardé son indépendance d'action, mais se trouvait néanmoins contrainte d'agir de concert avec les autres belligérants. Elle avait en outre des intérêts particuliers à défendre principalement la ligne de chemin de fer franco-belge, complètement indépendante des compagnies anglaises et que des organisations étrangères eussent eu plaisir à s'assimiler, et aussi un nombre de missionnaires plus élevé que celui de n'importe quelle autre nation. Nos intérêts se trouvaient donc les plus directement atteints, notre rôle donc eût dû y être prépondérant... mais notre corps expéditionnaire se trouvait en revanche, et par un illogisme incompréhensible, d'une importance absolument inverse à celle de nos intérêts.

Fachoda était le souvenir de la veille. Sedan l'affront indélébile que les années laissaient impuni. La sinistre « Affaire » avait jeté sur la France un discrédit mondial. Il fallait donc à ceux qui nous représentaient un tact et une énergie de premier ordre pour que l'ensemble de l'action restât amicale et solidaire et que notre patrie, non seulement n'ait à subir aucune avanie humiliante, mais encore se voit traitée d'égale à égale par les autres grandes puissances. Résultat d'autant plus difficile à obtenir que des instructions prohibitives de notre gouvernement concernant tout action militaire de quelque envergure, venaient encore compliquer la situation. A tel point que nous ne pûmes aller au secours de nos propres missionnaires qu'après nous être vu signifier par eux que, faute du concours français vainement réclamé à plusieurs reprises, ils se verraient dans la pénible mais urgente nécessité d'accepter l'aide que les troupes allemandes leur avait offerte dès la première heure !

Pour ce rôle particulièrement ingrat et difficile Marchand, promu colonel, était des plus qualifié. Il ne serait pas à la tête de l'expédition, place qu'un général seul pouvait l'occuper ; on ne lui confierait aucune opération militaire susceptible de le mettre à nouveau en vue, mais le retenant à l'état-major du 18e Régiment d'Infanterie coloniale (1re brigade), on le garderait pour le contact constant avec les missions étrangères auprès desquelles il jouissait d'un incomparable prestige. Rôle obscur dont les jaloux n'auraient à prendre aucun ombrage, car personne, en France, n'en pourrait soupçonner l'importance, rôle pourtant d'une utilité si évidente que son patriotisme s'en accommoderait.

« Ce que j'ai fait en Chine ? me disait-il un jour ! C'est simple : je prenais le petit train, les jours de marché, tantôt vers une localité, tantôt vers une autre et je flânais devant les éventaires... afin de me former l'œil à la beauté chinoise. C'est tout ! »

Heureusement que d'autres personnalités militaires

et diplomatiques se trouvaient là pour me révéler ce qui se résumait si modestement en ce « tout » par trop laconique. En réalité, ce tout prit une extension insoupçonnable dans ses rapports quotidiens avec les officiers étrangers auxquels le héros de Fachoda fit, bon gré, mal gré, admirer, respecter et aussi aimer notre France.

L'ardente sympathie des Russes ne savait de quels témoignages l'accabler ; les Anglais, à l'instar de lord Kitchener, l'entouraient du plus grand respect, et les Allemands eux-mêmes se montraient pleins de déférence pour le jeune colonel français. Il y avait là un nombre considérable d'officiers allemands, satellites du vieux comte de Waldersée, dont certains, ignorés de nous alors, virent leurs noms se graver dans notre mémoire après août 1914 : Schwartzhof, le chef d'état-major, incarnant la haine de la France, Falkenhayn, chef de la légation, et beaucoup d'autres de moindre importance parmi lesquels le chef de bataillon Ludendorff, grand joueur que ses camarades déclaraient à l'époque sans aucun avenir militaire.

Leur estime pour le colonel Marchand était telle que Waldersée ne se fâcha pas le jour où, en un entretien quasi-amical, il lui promit que, dans un avenir plus ou moins rapproché, mais dont il avait l'absolue certitude : « l'Allemagne serait rossée par la France ».

Si Marchand s'octroya à l'occasion le plaisir de rabaisser leur morgue, toujours latente sous une apparente courtoisie, il put, en une circonstance tragique, leur prouver qu'en dehors du champ de bataille il saurait, par une étrange ironie du sort, exposer sa vie pour sauver la leur :

Un soir, qu'il veillait selon sa coutume et consacrait au travail des heures que le sommeil eût dû réclamer, tandis que tout dormait dans la grande ville et que le calme de la nuit ouatait pagodes et légations, il aperçut une lueur étrange, rouge sombre accompagnée d'épaisses volutes de fumée : une flamme montait vers le ciel.

Dressé soudain, il interrogea l'espace...

Au palais de l'impératrice, siège de la légation allemande, un incendie venait d'éclater.

D'un bond il fut dehors, donna l'alerte, et arrivé le premier sur le lieu du sinistre, organisa en hâte les secours.

Son premier soin fut de courir au feld-maréchal de Waldersée qui lui témoignait une affection quasi paternelle et dont le grand âge nécessitait une prompte assistance. Il s'élança donc dans les flammes, rassuré pourtant par un souvenir : l'empereur Guillaume II, qui savait la facilité enflammante des habitations chinoises, tout en bois, en colle et en papier, et qui, il faut le reconnaître, ne manquait aucune occasion de témoigner son estime et sa sollicitude aux serviteurs de sa patrie, avait envoyé au feld-maréchal une petite maison ignifugée. Cette construction assez semblable à nos actuelles « baraques Villegrain » avait été placée au centre du palais dans la cour d'honneur. A défaut d'esthétique elle offrait la sécurité : les papiers de la légation et son personnel avaient dû y trouver asile.

Sitôt que Marchand eut fait irruption dans le palais, il chercha du regard la petite maison protectrice, mais il resta cloué sur place par une surprise qui en des circonstances moins tragiques eut été quelque peu amusée.

Au milieu de la vaste cour la maisonnette en pseudo-amiante, la maisonnette cadeau de l'empereur, construite sans doute en quelque coupable « ersatz » brûlait sans pudeur avec une petite flamme violette délicieuse. A côté des paquets de fumée qui s'échappait des alentours elle offrait, certes, un spectacle adouci, très atténué, presque joli... mais il faut avouer qu'elle brûlait.

Le colonel se précipita vers les appartements du feld-maréchal et parvient à l'en arracher ; le vieillard tenait dans ses mains deux objets précieux qu'il avait voulu soustraire aux flammes : le bâton de maréchal, don de son empereur... et sa croix de la légion d'honneur. Que s'était-il passé dans le cerveau de ce soldat pour l'inviter à un choix dont le premier est aussi naturel que le second semble inexplicable, il m'est impossible de le savoir, mais le fait est là, qui me fut confirmé par des témoins autorisés, et je crois curieux de le signaler.

Marchand laissa le comte au pied d'une colonne avec la cassette contenant les papiers particuliers de l'empereur que Scharzkoff avait pu sauver, et il s'engagea à nouveau dans les flammes à la recherche de ce dernier. Le chef d'état-major allemand y avait abandonné un petit chien qu'il affectionnait et s'acharnait à le retrouver : Il n'y put réussir et, en dépit des efforts héroïques du colonel, trouva la mort à ses côtés.

Les incidents de cette nuit tragique resserrèrent encore la sympathie qui unissait notre jeune chef et le vieux comte de Waldersée, ils facilitèrent, d'une manière indirecte, mais évidente, nos relations avec lui, et servirent grandement nos intérêts.

Tous d'ailleurs témoignèrent à Marchand une admiration qu'ils eurent à cœur de souligner par des traitements de haute faveur : Quand l'heure du départ sonna et qu'au lieu de partir par mer, il manifesta le désir de rentrer par le continent, afin d'être plus promptement de retour, car le froid de la Chine succédant au climat des tropiques — ce qui constituait un écart de près de 100 degrés avec les températures affrontées par lui les années précédentes — avait gravement ébranlé sa santé, c'est dans le train de l'impératrice qu'il gagna Port-Arthur. De là, celui du tzar, mis à sa disposition par une preuve d'estime toute particulière, se chargea de le ramener.

Pendant les semaines que durèrent le voyage, ce ne furent que réceptions enthousiastes qui lui rappelèrent les ovations abyssines. Il séjourna un certain temps auprès de Nicolas II, et sans doute le monarque garda-t-il de lui un profond souvenir, car dès que la guerre russo-japonaise éclata, il insista vivement, et à plusieurs reprises, auprès du gouvernement français, pour que le jeune colonel fût envoyé à Mandchourie.

Le gouvernement, qui avait à son égard le sentiment que l'on sait, opposa à ce vœu réitéré un refus formel. Trop belle était la part que le héros de Fachoda eût pu s'y tailler. Elle eut certes rejailli avec éclat sur la France, mais certains ne préfèrent-ils pas la desservir plutôt que de faire le sacrifice de leurs haines personnelles ou simplement de leur basse envie?

Marchand en éprouva une profonde amertume. A son retour de Chine la malveillance qui l'avait poursuivi après sa traversée de l'Afrique centrale s'était derechef acharnée contre lui. (1)

Il évite le plus souvent de s'appesantir sur ce trop douloureux sujet. Mais à quelque temps de là (après qu'il eut démissionné) un article venimeux de Charles Laurent lui reprochant d'écrire et d'avoir « déserté le drapeau » firent jaillir de son âme une protestation qui trahit sa peine secrète (2) :

« ... Je pourrais peut-être lui expliquer, réplique-t-il, qu'ayant quitté l'activité militaire avant le temps fixé pour avoir droit à la pension de retraite et n'ayant trouvé que des dettes dans l'héritage du pauvre brave homme d'ouvrier que je viens de perdre, je suis bien obligé de chercher un gagne-pain.

« ... Mais qu'il se rassure néanmoins, je préférerais mourir de faim plutôt que de transformer en copie rétribuée l'histoire d'un passé de deuil et de dévoûment désintéressé. »

Et sur l'affirmation de Laurent qu'il n'eût pas manqué d'être le plus jeune général français :

« Il oubliait peut-être que n'étant plus militaire, je n'étais plus obligé de paraître naïf, et il ne savait peut-être pas que si j'ai dû me résigner à quitter le service actif du temps de paix et à renoncer aux étoiles et aux plumes, ce fut pour pouvoir rester soldat. Il y a de ces détails qui échappent quand on n'est pas de la partie ».

(1) Allant lors de sa période à Toulon (mars-novembre 1903) jusqu'à arrêter inopinément la nuit qui précédait son départ pour les manœuvres, la mobilisation de son régiment qu'il avait spécialement entraîné.

(2) Colonel Marchand : *Figaro*, 14 septembre 1904.

« Ayant eu à choisir entre la « tenue » encore un peu plus chamarrée et les fiertés, les énergies qu'elle ne sert plus guère qu'à comprimer, j'ai préféré les dernières et le droit de les porter où je le jugerais utile pour le service du pays.

... « Il voudra bien alors nous dire combien d'années il faut rester à l'ombre du drapeau — qui, en France, ne protège plus les soldats — combien d'avanies, d'injures, de crève-cœur, de marques d'outrageante suspicion, combien de paquets de mitraille sur le champ de bataille avec, en guise de pansement, celle encore plus brûlante des crachats de presse dans la mère-patrie, il faut supporter pour avoir le droit de se sentir fatigué, écœuré, malade de corps et d'âme, pour avoir le droit de s'éloigner des drapeaux du temps de paix sans être accusé de désertion !

« J'ai 20 ans de service, incessant et gratuit dont 15 occupés à collectionner sous tous les climats et toutes les longitudes les blessures et les causes de délabrement d'une santé jadis robuste, aujourd'hui plus qu'ébranlée ! Et vous, M. Charles Laurent ? Dites ! »

C'est alors qu'il rappelle l'exil dissimulé de Barbizon. Appel à son loyalisme avait été fait ; il avait, comme nous l'avons vu, consenti à « essayer de porter encore des galons » mais, comme il le dit lui-même, plus il faisait de concessions, plus on s'amusait à fouler aux pieds ses fiertés, ses délicatesses.

« J'ai dû comprendre, conclut-il, que l'unique satisfaction qu'il était en mon pouvoir de donner complète, aux chefs de la faction qui n'aiment pas l'armée — la seule que, venant de moi, ils puissent apprécier — était de disparaître par le suicide. Je ne pouvais tout de même pas aller jusque là pour leur faire plaisir.

« Pour diminuer les causes de lutte intestine, chacun jette ce qu'il peut au minotaure politique. Moi je lui ai jeté le tronçon d'une épée. »

Ces lignes si pleines de dignité triste soulèvent un coin du voile épais sous lequel il se plaît à cacher d'ordinaire son âme, et c'est pourquoi j'ai tenu à leur faire trouver place ici. L'on peut mesurer par elles le déchirement profond éprouvé par le colonel Marchand quand, en 1904, ne sentant plus la noblesse de ses sentiments compatible avec les exigences qu'on lui témoignait à l'ombre de ce drapeau qu'il avait si admirablement servi, il se vit contraint de s'en éloigner, persuadé qu'ainsi, et seulement ainsi, il pourrait encore lutter pour la France.

CHAPITRE VIII

ANNÉES CIVILES.

LE VOTE FAMILIAL. — ARTICLES. — L'AME DE LA MER ET LA POLITIQUE DES OCÉANS. — LA LEÇON DE LA MER. — ENTRE HIER ET DEMAIN. — UN MINISTÈRE DE RÉSIGNATION. — LA GUERRE DIPLOMATIQUE ET SON THÉATRE. — JULES FERRY.

Il pensa alors que la politique pourrait lui fournir cette occasion de toujours servir qu'il recherchait passionnément, et posa sa candidature au 10e arrondissement.

Il se proposait de développer et de faire adopter une idée qui lui était chère entre toutes : le vote familial proportionnel.

Cette forme de vote serait, en effet, une des premières réformes exécutées, si l'intérêt bien compris du pays venait enfin à triompher de certaines mesquineries qui ne sont pas dignes de lui servir de contrepoids.

Grâce à elle tout ce qu'il y a d'individualisme exagéré dans la société française actuelle s'atténuerait pour faire place à de plus nobles sentiments.

L'individualisme, bon en soi quand il s'arrête à certaines bornes, est un danger quand il les franchit. La patrie n'est qu'une grande famille; quand la petite patrie qu'est la famille se voit subordonnée au culte égoïste du moi, l'affection, le respect, qu'il sied de de porter à la grande ne tarde pas à s'atrophier. L'être habitué à se considérer lui-même comme le centre de l'univers ne supporte pas sans impatience des devoirs qui l'arrachent à son égoïsme et cherche forcément à s'y dérober. L'être qui vit en famille comprend, au contraire, toute la saine beauté de la « grappe humaine » il en apprécie les vertus qui, trop austères pour les dégénérés ou les lâches, semblent des joies graves et pures à ceux à qui la vie apparaît telle qu'elle est, simple et un peu rude, un ensemble de devoirs qui portent en eux le noble plaisir de la tâche accomplie, et non une sorte de kermesse qui, le lendemain, ne laisse que lourdeur à l'âme et vide au cerveau. Celui-là est tout indiqué pour comprendre toute la grandeur de la patrie, pour accepter, d'un cœur joyeux, toutes les obligations que son culte impose.

En outre les enfants manquent à la France, il lui faut des citoyens; toute œuvre est vaine sans celle-là, sinon elle court à sa ruine. Par la décroissance de notre natalité, nous perdons chaque année « deux grandes batailles en pleine paix » selon le mot si juste, hélas! de Bismarck,. et nous continuerons à les perdre jusqu'à notre déchéance complète du rang de grande puissance, si une violente réaction ne tarde pas à s'opérer.

Il importe donc que ceux qui luttent contre ce fléau, que ceux qui assument les responsabilités et les charges seules capables de sauver notre pays aient une part prépondérante dans la gérance de ses destinées.

En instituant le suffrage familial, c'est-à-dire en reconnaissant au père de famille autant de voix qu'il a d'enfants, on ferait simplement acte de justice, car à part quelques exceptions, parfaitement respectables d'ailleurs, mais sur lesquelles on ne saurait se baser; — les exceptions comme disent les bonnes gens n'étant faites que pour confirmer les règles, — les pères de famille représentent l'ordre, le devoir, le travail. Le célibat trop souvent — les statistiques sont là pour le prouver — n'est que le synonyme du contraire.

« Cette extension logique du suffrage, comme le définit si bien M. Izoulet, cet élargissement radical et total donne une prime — une prime écrasante — à la famille dont il resserre le faisceau, infériorise le célibataire nomade, agent de grève et d'anarchie et fonde le vrai et juste conservatisme social.

« La grappe humaine, voilà la cellule « sociale. » Oui, c'est sur le groupe familial, sur le foyer, sur la maisonnée qu'il faut prendre le point d'appui pour déplacer l'axe du monde politique et transformer de fond en comble nos mœurs et nos lois.

« C'est qu'en effet cette simple réforme du mécanisme politique enveloppe tout une révolution sociologique.

« L'unité sociale n'est pas l'individu, c'est la famille. »

« La révolution française peut et doit donner à cet excessif individualisme du début, son naturel correctif qui est le familialisme ».

Marchand, qui avait senti des premiers tout l'intérêt patriotique que cette réforme portait en elle s'en fit donc le champion passionné. C'est avant tout afin de la servir qu'il posa sa candidature.

Ici une parenthèse doit s'ouvrir : en se présentant en une autre circonscription le colonel était absolument sûr d'être élu. Pour des raisons très hautes il préféra risquer son élection afin de se présenter dans un quartier populeux, d'être tout près de ce peuple qu'il affectionnait, de se sentir en quelque sorte en communion directe avec lui.

Mais, dès les premiers jours de sa vie politique, il commit une grave erreur. Il pensa que le rôle du député était de montrer la voie à ses électeurs. Au lieu de les étourdir par des promesses, cet homme habitué à tout subordonner au service de son pays se prit à leur indiquer des devoirs. Il pensa que cette foule, française comme lui, ne pêchait que par ignorance et qu'il suffirait de lui montrer la route à suivre pour qu'elle se hâtât de s'y engager. Erreur noble sans doute, mais fondamentale, et qui devait être fatale à ses projets.

Gâtés par la tristesse de nos mœurs électorales, les électeurs préfèrent le mot recevoir (ou plus exactement espérer) à celui de donner et se montrent plus avides de se servir de leurs députés que de servir le pays par leur entremise.

Il sied d'ajouter à l'honneur de ceux du Xe que si Marchand ne fut pas élu, du moins obtint-il un si grand nombre de voix qu'il y eut d'abord ballotage. Certaines réunions électorales prirent les proportions d'un triomphe. Mais traitreusement et faussement ses adversaires le représentèrent comme le candidat « de la guerre » Beaucoup se laissèrent impressionner.

Le vote du 6 mai 1906 lui donnait pourtant sur 15429 inscrits, 7230 suffrages ; 5464 allèrent à Groussier, socialiste unifié et 2344 à Monteux, radical socialiste. Le reste se dispersa.

Le 8 mai, Monteux qui s'était posé en candidat de l'ordre, en admirateur de l'armée « forte et respectée » se désistait en faveur du socialiste unifié et le 20, ce dernier emportait 7540 voix contre Marchand, 7114, c'est-à-dire qu'il était élu avec une majorité des plus modestes.

Ce n'en fut pas moins un fait regrettable, car le suffrage universel par le vote à bulletin familial présenté à la Chambre avec la force de persuasion que Marchand possède, eût pu, socialement parlant, avoir une portée considérable (1).

Je ne voudrais pas tourner cette page de sa vie sans citer la partie de son principal discours politique (prononcé salle Lancry en avril 1906) qui traite précisément cette forme de vote :

« ... Ainsi ce que nous voudrions vous proposer, ce serait de nous en tenir à la première Révolution, la grande, celle qui a jeté à la face du monde et de l'histoire le principe de la Souveraineté du Peuple... mais en oubliant de l'appliquer, ou en l'appliquant... à côté, ce qui revient au-même.

« C'est par suite de cette fausse application que le Peuple, celui qui travaille et qui peine, n'a pu faire son éducation politique et sociale ! Qu'il n'a pu, par conséquent, se mettre en mesure de prendre d'autorité, la direction d'un pays dont ses innombrables courtisans ne cessent de lui répéter qu'il est le souverain.

« En résumé, ce que la Révolution française a pré-

(1) Il sied d'ajouter que ; l'idée de vote par bulletin familial vient d'être réclamé par plusieurs départements du Nord et semble enfin destinée à faire son chemin.

cipité du pouvoir, ce furent les membres de la noblesse et du clergé. Et ce qu'elle a réellement mis à leur place, ce n'est pas le peuple souverain, ce sont ses courtisans : les bourgeois francs-maçons et politiciens.

« Que le peuple prenne donc bien garde maintenant que l'opération de force que les échauffés de la doctrine marxiste les pousse à faire à ses dépens, n'est nullement la conquête du pouvoir et de ses profits pour lui-même, mais seulement la conquête de la richesse et du gouvernement pour ses grands favoris de l'heure actuelle. Ce n'est qu'un changement de maîtres, quelque chose de guère plus intéressant qu'un renversement de ministère, mais beaucoup plus bruyant et infiniment plus cher.

« Nous avons mieux que cela à lui offrir; nous avons à lui présenter le moyen infaillible de rentrer dans ses droits et ses attributions, de faire par eux son éducation sociale et politique qui lui permettra de prendre réellement en mains sa propre direction et de ne la déléguer qu'en connaissance de cause et jamais définitivement.

« Pour acquérir cela, il n'y a qu'à le prendre, il n'a qu'à *vouloir* sans violence ni tumulte dans l'ordre et la légalité. N'est-il pas le souverain de droit? Qu'il le soit en fait pour une fois! Qu'il exige froidement, sans crier ni menacer de rien démolir, la restitution de ce que ses courtisans lui ont toujours dérobé : la pratique effective de sa souveraineté.

« Nous voulons réellement, énergiquement, l'avènement du quatrième état, la *famille*, c'est-à-dire le peuple tout entier dans toutes ses classes à la direction sociale qu'aujourd'hui ses courtisans se disputent et s'arrachent pour le malheur de toute la nation ainsi mise en perdition.

« Nous voulons, en un mot, la mise en *valeur sociale de la famille* par la mise en pratique du grand principe proclamé par la Révolution.

« Et c'est ainsi — mais seulement ainsi ! — qu'il sera possible à la nation française, déjà si ébranlée, de faire l'économie d'une nouvelle crise provoquée par l'ignorance et l'âpreté au gain des politiciens — l'économie de la révolution violente et destructrice actuellement sous pression. C'est par l'achèvement de l'œuvre révolutionnaire inaugurée en 1789 et déviée bientôt après que nous ruinerons pour jamais dans l'œuf les chambardements en préparation.

« Nous exigeons le suffrage réellement universel et proportionnel aux charges sociales de chacun, par le vote à bulletin familial. C'est celui-ci seulement qui portera dans la pratique la souveraineté du Peuple jusque-là assoupie dans son Principe.

« C'est par lui que nous arracherons les masses ouvrières à l'esprit de vertige et de haine qui les pousse à déserter le travail et le foyer où la femme gémit et les enfants pleurent, pour marcher à l'assaut d'une société pour laquelle ils se croient sacrifiés. C'est par lui et par la vision d'avenir meilleur qu'il ouvrira à tous les travailleurs déshérités, que nous en ferons les plus solides étais d'un ordre social à cette heure plus qu'ébranlé.

« C'est par lui et par la certitude qu'il leur apporte que le produit de leurs efforts restera dans leurs mains ou dans celles de leur descendance, que cet effort sera augmenté ainsi que la production nationale, et, par suite, le bien-être de tous.

« C'est par lui que nous rebâtirons sur un terrain solide comme un roc de granit le nouvel édifice social français; par lui que nous transformerons sa collaboration étroite et désormais confiante, la terrible guerre des classes dont la clameur couvre de plus en plus la rumeur faiblissante du travail et de la civilisation.

« L'agitation pour le suffrage universel qui s'est emparée de toute l'Europe et déborde sur d'autres continents trouvera là son frein naturel et sa raison d'apaisement.

« On a dit souvent de la France, parfois avec trop de raison, qu'elle était le laboratoire d'expériences sociales de l'Europe et du monde.

« Jusqu'à présent les autres nations en regardant opérer la nôtre disaient : Voilà comment il ne faut pas que nous fassions ! Nous enseignons aux autres, à nos dépens, dans quelles erreurs ils ne doivent pas verser.

« Pour une fois faisons l'essai d'une expérience que d'autres peuples puissent imiter et dans laquelle nous ne devons pas nous laisser devancer.

« Par le *suffrage universel à bulletin de famille,* qui est la véritable application du principe de souveraineté du peuple, introduisons dans l'univers social la plus grande somme d'ordre, de justice et de sécurité qu'il puisse renfermer.

« Payons la dette de la société à la famille. Donnons de nouveaux et puissants mobiles d'espoir et de courage à tous ceux qui travaillent, à tous les hommes de bonne foi et de bonne volonté. Ramenons la chaleur aux foyers.

« Le collectivisme, ennemi-né de la cellule familiale, travaille à ruiner en elle la grande base de la société française.

« Servons-nous de l'arme de la famille pour rejeter l'utopie collectivisme dans l'abîme d'où elle est montée.

« A partir du moment où il sera reconnu par la loi que les enfants qui représentent une si grande valeur pour la société, dont ils sont l'espoir et l'avenir, en sont également une pour la famille qui les produit, à partir de ce moment-là la situation sociale du père de famille est fixée par ses charges conformément à la justice et à l'équité. Le rôle de la femme et l'importance de la fonction que, à travers la famille, elle remplit à l'égard de la nation, seront également précisés par ce fait que si le nombre d'enfants, de parcelles de force nationale, multiplie la capacité sociale du chef de famille, c'est de sa femme, de la mère, qu'il reçoit les éléments de cette multiplication.

« C'est le principe salutaire de l'égalité des droits par l'égalité des charges qui doit assurer la stabilité de la famille et, par suite, la stabilité de la nation.

« Ce principe inscrit dans la loi par l'adoption du nouveau mode de suffrage trouvera chaque jour dans la pratique de fécondes applications.

« Les charges sociales mesurent le Droit, mais un droit plus étendu augmente proportionnellement l'étendue des devoirs. Par le sens de ses devoirs nouveaux correspondant aux nouveaux droits : *la représentation réelle de la famille sortie de lui-même et qu'il soutient*, le chef de famille percevra l'obligation de la prévoyance nécessaire à tous ceux qui commandent ;

L'auteur et l'éditeur me réclament une page d'écriture, sans doute pour satisfaire des amateurs de graphologie. La voici. Pour le lecteur, quelle épreuve !

Ce sont quelques unes des considérations sous l'empire desquelles a mûri dans ma pensée, de 1900 à 1903 et pendant un long séjour en Chine, la notion du suffrage réellement universel par le vote à bulletin familial.

Ce mode de suffrage intégral confère la représentation numérique — conformément au droit, à l'équité sociale et à la... l'arithmétique — à chacun des membres vivants de la famille, quels que soient son sexe et son âge de la naissance à la mort ; et il impose l'obligation du dépôt dans l'urne électorale, aux jours de consultation nationale générale ou partielle, de tous leurs bulletins réunis, seulement au chef (père, mère, ou tuteur) légalement responsable et délégué naturel des droits politiques de tous les autres membres de la famille dont la charge est supportée par lui.

La grande réforme de salut et la réparation de la plus monstrueuse iniquité, à savoir : l'évaluation sociale de la famille — sont assurées par ce système de suffrage qui se tient aussi éloigné du vote plural auquel on a voulu l'assimiler, que le jour peut l'être de la nuit.

En même temps il s'oppose, par essence, au suffrage dit féministe. Celui-ci, plus mensonger encore que le "hoministe" et [illegible] moins rudimentaire et grossier, en accordant le vote à la femme sous prétexte de doubler le [illegible] suffrageant de la famille, aboutit [illegible] au contraire, dans le conflit électoral, à neutraliser l'un par l'autre, le bulletin de la femme et celui du mari.

J'ai porté le concept du suffrage familial à l'épreuve des élections générales de 1906, à Paris, ayant dû, pour me préparer à remplir jusqu'au bout cette nouvelle et très dure mission différente, seulement en apparence, des précédentes, cesser l'activité militaire du temps de paix.

Naturellement je fus battu. Mais l'idée était lancée ! Et c'était l'idée que j'avais voulu présenter, en [illegible] bataille, aux électeurs, non pas l'homme. Elle a poursuivi sa route.

Le temps a passé... et aussi la guerre, la titanesque mêlée dont le prix, sang et or, rançon de victoire et de salut... provisoire, a éveillé et mûri du cœur et au cerveau de la race victorieuse mais saignée, les mêmes graves méditations sur l'avenir qui, bien des années avant l'explosion de 1914 oppressaient ma pensée et finirent par me jeter, dès 1904, à la forme d'action depuis lors embrassée.

Le suffrage familial a trouvé des champions et des adeptes, les uns et les autres convaincus et résolus. Je n'y fus pour rien. C'est l'idée qui travaille, et bien plus encore l'instinct de conservation de la race [illegible] par le terrible conflit. Je crois son triomphe, en France, très proche..... et là où la France avance, les autres nations suivent. Déjà un des deux modes de suffrage adverses auxquels il s'affrontait en 1906, le "hoministe", est aujourd'hui hors de combat, moribond, "claqué", bientôt mort.

Reste le "féministe". Quelques rares preux d'Europe, [illegible], tâtonnant, semblent vouloir l'essayer, encore que la doctrine de division et d'anarchie dont il est manifestement l'expression [illegible] fasse de ce mode de votation l'outil de réalisation par excellence du concept socialiste révolutionnaire. C'est la lutte !

Aux jours très prochains du heurt des deux principes animateurs opposés, je me permettrai, à qui de droit adressée, une seule question que voici : « La compagne de l'homme chef de famille veut-elle être évaluée socialement en tant que femme ? ou bien comme mère ?

Dans le premier cas, c'est contre son mari. Dans le second c'est avec ses enfants... et leur père. Qu'elle même prononce. »

1er Mars 1921

Marchand

Sous son acception précise la plus ramassée, la famille — cellule sociale — est l'organisme spécifique de transmission de la propriété, exclusivement, si dans ce terme on veut bien enfermer non pas seulement les biens matériels et périssables, mais aussi les valeurs morales immortelles dont le véritable champ de culture est le milieu familial.

"Transmettre la propriété" telle est la fonction propre de l'organisme famille. Cette fonction, lui seul peut la remplir. Il ne peut remplir que celle-là. De l'avènement de l'humanité à la consommation des temps, il n'en eut et n'en aura jamais d'autre. Cette constatation du rôle singulier de la "cellule sociale" permet de reconnaître la nature exacte de sa fonction : économique exclusivement.

Si donc la fin révolue de la période ancestrale de bestialité, le passage de l'espèce au concept d'humanité, simultanément l'apparition — dans sa permanence — de la forme famille — datent une seule et même époque, et détermine un seul et même fait sous trois de ses différents aspects successifs, la constatation du rôle précis de la famille dans le cadre de la société civile montre qu'elle est à l'origine du groupement collectif et qu'elle en constitue à la fois l'embryon, le tissu, la charpente et l'armature.

Parallèlement, la reconnaissance du caractère exclusivement économique (et non pas physiologique) de sa fonction organique dans le milieu social, indique qu'elle en assure la perpétuité, et comment elle l'assure : en transmettant la propriété. La "cellule sociale" et sa fonction de transmission sont donc excellemment des forces de renouvellement, de perfectionnement et de défense de la société civile et de ses institutions.

À la lumière de ces quelques vérités élémentaires, il devient facile de comprendre pourquoi la doctrine du socialisme révolutionnaire qui prétend réformer de fond en comble (sic) la société civile du type actuel... et de tous ans [illegible], pour entrée de jeu, la substitution violente de la propriété collective ou étatique à la forme individuelle de la propriété ; ce faisant, elle détruit la famille par le moyen le plus sûr : en l'empêchant de remplir sa fonction organique de transmission de la propriété. Et morte la cellule, meurt le corps social sorti d'elle ; mais meurent aussi la civilisation et l'humanité elle-même qui y sont indissolublement liées.

Renforcer la famille, c'est donc protéger la société civile, et avec elle à la fois l'humanité et la civilisation.

AUTOGRAPHE DU GÉNÉRAL MARCHAND

en lui se développera rapidement le goût supérieur des responsabilités par le goût du vrai commandement par le goût de la protection dont — ainsi armé par la loi — il couvrira réellement les siens.

« Le chef de famille ouvrière tout spécialement, celui qui jusqu'à présent n'a jamais rien possédé trouvera-là, avec la notion nouvelle pour lui de la possession, celle également nouvelle de responsabilité. C'est par cette double notion équilibrée qu'il fera son éducation et se préparera, par le commandement de sa famille, aux directions sociales plus lourdes, plus étendues. En lui donnant *quelque chose à perdre* la société lui impose en réalité l'acceptation de l'effort nécessaire pour le *garder* ; aujourd'hui il est l'ennemi mortel d'un ordre social par lequel il se sent écrasé, demain la société trouvera en lui son défenseur le plus ardent.

« Et c'est ainsi qu'en renforçant la famille attaquée par le principe collectiviste de *l'individu*, son plus dangereux adversaire, nous rendons à la propriété sa sécurité, à l'Etat son équilibre, à la société humaine son prestige, à la France enfin notre patrie de nouveaux horizons, sa force expansive et une nouvelle vitalité. »

Ces pages, mieux que tout commentaire, suffisent à prouver le tort qu'on fit au pays en ravissant une seconde fois à Marchand l'occasion de le servir.

Souvent pourtant, sa vision haute et nette des choses, cette aptitude à juger d'un coup d'œil les situations les plus compliquées et à percevoir aussitôt la meilleure solution à prendre, furent consultées à des heures graves. Mais cela, c'est la vie privée de notre héros, car cette influence personnelle qui s'exerça d'ami à ami, d'être d'élite à admirateur, ne saurait être qu'indiquée.

Les seules preuves officielles qui restent de son activité cérébrale sont donc ses articles.

Comme les pétales d'une même fleur se serrent étroitement autour de son cœur, ils se rattachent tous, par quelque point, à la grandeur de la patrie.

L'action et la pensée y alternent avec une vivacité qui n'est pas sans art. Témoin ces pages où nous avons vu, poignant et coloré, s'évoquer le combat des derviches et que suivent des conclusions où l'alerte conteur se révèle penseur profond. Cette dernière qualité s'affirme par des phrases frappées en médailles.

« La véritable fortune que renferme un Eldorado, c'est le logement de l'effort qu'il exige pour le conquérir ».

« Si c'est par les armées que les territoires se prennent, c'est par les paysans qu'ils se conservent ».

Et ces deux lignes qui caractérisent notre âme nationale, s'opposant si justement à la fameuse théorie de la décadence française trop accréditée :

« En France, il n'y a périodiquement que de l'ébullition, et l'Europe le sait bien ».

La connaissance psychologique, non seulement des individus, mais encore des nations qui ressort de cette dernière phrase, se retrouve à plusieurs reprises notamment dans l'étude sur « *l'Enigme de Hull* », où l'auteur révèle la cause réelle et primordiale de l'incident anglo-russe, et dans « la *Terre contre la Mer* » où il signale les vraies raisons de la guerre russo-japonaise, que de longue date il avait prévue. « La rivalité d'intérêts et de race n'est qu'apparente », insiste-t-il « ce qui vraiment lutte, c'est « l'*Ame de la Terre* », le formidable empire moscovite et la « *Politique des océans* » dont l'incarnation présente depuis plus d'un siècle est l'Angleterre. » Il dit toute l'importance de la possession de « la grande bleue éternellement chantante. »

... « La terre inerte par elle-même et par inertie moléculaire symbolise l'inertie en face de la mer : l'élément d'action dont son éternel mouvement est l'image et qui enveloppe, domine et asservit la terre. »

... « Tous les conquérants le devinrent par la mer : « Maître de l'empire, maître de la mer sont synonymes ».

... « Commerce et force militaire sous les apparences du navire monté par de hardis marins, tel apparaît le génie dominateur de la mer. Il ne s'accommode pas du voisinage des côtes, où ne s'accrochent que les mollusques ! Il est animé par les énergies humaines issues des sociétés énergiques, vivant sur les continents qu'ils relient. *Qui tient les routes maritimes tient la terre* ».

Cette théorie de suprématie de la mer et l'utilité du mouvement se trouvent traitées dans son étude sur « *La Leçon de la mer* » et dans celle de « *Jules Ferry* » qui comptent parmi ses meilleures pages.

« *La leçon de la Mer* » parue dans l'*Eclair* en 1905 comporte une série de cinq articles :

I. *Le plan directeur de la stratégie britannique ;* — II. *Guillaume II et le système Delcassé ;* — III. *La partie anglo-allemande et l'empire français ;* — IV. *Le protectorat catholique d'Orient ;* — V. *L'utilisateur d'énergies ;* — VI. *Fachoda et Tanger.*

Cette série fut suivie de quelques autres études entre autres : *Delcassé, Regardons la mer* (en trois parties) *un Ministère de résignation, la guerre diplomatique et son théâtre* (salive et poudre sèche) en 3 parties, etc.).

Sur la profondeur de ces articles, qui dépasse de beaucoup leur cadre, et la justesse de leurs vues, on ne saurait trop insister. La politique de l'empire des mers poursuivie par l'Angleterre depuis des siècles y est brossée de main de maître. A cette époque (juin 1905) où l'on s'hypnotisait sur la probabilité d'un conflit franco-allemand et ne consentait à rien voir au delà, le héros de Fachoda fut presque le seul à supposer l'autre antagonisme, la lutte anglo-allemande, la lutte pour la mer, dont la France était destinée à recevoir le choc en retour.

En indiquant ce point de vue, Marchand rendit un grand service, car un jeu diplomatique démasqué perd les trois quarts de son action. Il resta cependant ignoré de la masse qui s'accroche à une idée sans se soucier de son origine, mais la sorte de rapacité que certains mirent à faire leur cette idée, lancée par lui « comme un pauvre enfant sans foyer », suffit à prouver sa valeur. Quant à lui il laissa faire, indifférent à toute gloire personnelle, soucieux seulement de servir le pays.

Dans cette série d'études, on retrouve le diplomate avisé qu'il sut se révéler tout le long de sa carrière, il prévoit et prédit la lutte qui éclata en 1914, il pressent la hâte de l'Angleterre à dépouiller l'Allemagne de toute puissance maritime, et son empressement, moindre hélas ! à l'affaiblir de même sur le continent.

« Ce qui domine et dirige la pensée britannique dans le cycle d'opérations gigantesques qu'elle n'est pas éloignée d'avoir achevé, dit-il, c'est :

« 1° Assurer sa domination de la mer.

« 2° Empêcher une coalition navale européene autour d un noyau qui était primitivement l'escadre française et qui devient à partir de mars 1899 l'escadre allemande.

« L'Angleterre, en regardant du côté de l'Allemagne, ne voit pas la terre allemande continentale, mais seulement Guillaume II, son compétiteur à l'empire de la mer.

« Ce qu'elle veut détruire, c'est l'Allemagne impérialiste exclusivement, la partie de la force allemande répandue sur la mer, le rêve impérialiste de Guillaume II en un mot et ses instruments d'exécution : escadres, places commerciales, points d'expansion industrielle dans l'empire maritime. »

En résumé pour l'Angleterre, « la conservation à sa manière de l'équilibre européen n'est pas le *but*, mais seulement un *moyen*. Elle ne travaille que pour conserver la mer ». Vérité chaque jour plus indiscutable !

Il ne faudrait pas en déduire que Marchand hait l'Angleterre ; il admire au contraire ses hautes qualités et leur rend loyalement hommage ; mais, en vrai Français, il préconise la politique d'entente, d'échange, et non d'abandon répétés qui fut trop souvent celle de nos Ministres, principalement de Delcassé.

Il dit tout le danger de cette politique, mais comme à regret. C'est devant l'immense péril qui nous menace qu'il se décide à prendre la plume, désireux de s'effacer dès qu'il ne sera plus urgent de parler :

« C'est une vaine besogne, dit-il, que celle qui consisterait à étaler au grand jour les conséquences regrettables amenées par les événements du passé, si on n'essaye pas d'en tirer un enseignement pour l'avenir ; mais ce que je ne peux m'arracher de l'âme, c'est qu'à ce pays auquel avait été promise comme récompense du long effort qu'on lui demandait la revanche de la défaite de 1870, a été donné — et par mon intermédiaire — l'humiliation de Fachoda, que la revanche de Fachoda a été l'humiliation de Tanger ! et que nous avons tous le devoir de nous demander avec angoisse quelle va être la revanche de Tanger.

« Là est l'unique explication de ma conduite, de mon attitude, d'une insomnie morale qui, je l'avoue, est parfois gênante pour les autres ; on ne se refait pas ! »

Cette noble « insomnie » nous valut le cri d'alarme dont nous venons de parler, elle nous valut aussi de hautes pensées, de justes conseils :

« Ce n'est pas avec des sentiments chauvins qu'il faut regarder chez les voisins.

« Dénigrer ses adversaires et ses rivaux et nier leur valeur, c'est de beaucoup la manière la plus folle et la plus dangereuse pour soi-même de se préparer à les combattre. C'est mettre aveuglément avant la lutte la plus forte chance contre soi : celle de la surprise.

« Nous devons aussi travailler à nous guérir de notre énorme naïveté. Quand dans un endroit quelconque on parlera très fort et abondamment de civilisation, équilibre universel, amour de la paix ou volonté de travail, soyons fortement convaincus qu'il se prépare ou s'exécute un mauvais coup à côté. »

La place manque pour multiplier les citations et cependant combien d'autres phrases mériteraient d'être conservées !

Mais il faut en venir à « *Jules Ferry.* »

Après avoir rendu hommage au grand Tonkinois, démontré la sagacité de ses aspirations, Marchand revient dans cette étude (parue en 1910, soit cinq ans après les précédentes) sur le mouvement, sur la mer. Il insiste sur ce fait que la grandeur de l'Allemagne date du jour où elle visa à l'empire des océans, et que seul cet empire fit de l'Angleterre le peuple le plus fort du globe.

La France qui avait, elle aussi, de si beaux domaines coloniaux, s'est laissée dépasser.

Ferry, lui, voulut renouer la tradition, il visa le Tonkin, la Tunisie, redonna enfin ce mouvement qui seul pouvait sauver la patrie.

« La préparation au plus grand effort par l'immobilité soutenue est une méthode plus infaillible pour fondre les nations que cent armées sous le feu des canons », affirme Marchand.

Le doute de soi « l'âme de vaincu » fut en effet plus néfaste à la France que la perte des deux provinces toujours récupérables — l'avenir l'a prouvé — par la volonté et la confiance.

« Avec Ferry la revanche nominale devient effective. C'est bien la guerre en effet, la guerre à l'inertie, seul véritable ennemi qui s'engage avec le seul vrai moyen : l'offensive stratégique de toute la nation par le plus grand mouvement.

« A partir du premier pas sur la route de l'expansion dite coloniale, la force française marchait à la reconquête effective du morceau de patrie perdu. Car elle devait retrouver sur cette route une valeur plus précieuse encore que l'Alsace-Lorraine et qui est indispensable au stratège pour la conduire à son but : la confiance en elle-même, la foi en sa mission momentanément interrompue.

« L'histoire rendra justice à la politique extérieure de Ferry le Tonkinois. La France redevenue consciente lui tressera un jour les plus belles couronnes... et se souviendra peut-être aussi de son grand prédécesseur Colbert. Dans le geste colonial du martyr de de Langson il y avait plus que l'Alsace-Lorraine rendue. Il y avait la vision hiératique des pasteurs de nations. Il y avait, avec le sens de la vie, du mouvement qui s'accélère, de l'élan qui multiplie, tous les facteurs reconstitutifs de la force et de la santé françaises.

« Et cela est si vrai que la puissance vive, réelle de l'Allemagne d'aujourd'hui se repose sur des valeurs entièrement créées par son mouvement d'expansion. Industrie, commerce d'exportation, marine, natalité augmentée, population accrue... Tous les éléments nouveaux apparus depuis moins de 40 années, et principalement depuis que, sous la conduite de son pilote actuel, ce peuple du pays des rivages lagunaires, aux accès difficiles, sur une mer resserrée, a porté ses regards puis ses énergies là où Ferry voulut tourner ceux du pays français.

« Quelle magnifique formule de chimie sociale ont donc découvert les préparateurs des laboratoires d'Outre-Rhin ?

L'avenir du peuple germain est sur la mer.

« L'avenir de tous les peuples qui veulent vivre est sur la mer, endroit du plus grand mouvement.

« C'est là qu'ils doivent regarder pour comprendre le passé et le futur. C'est là qu'ils doivent aller, économiquement parlant pour cultiver dans l'action, dans la concurrence leur énergie et leur virilité. C'est là enfin qu'il leur faut retourner pour recouvrer la santé et l'espoir lorsque, pour une cause quelconque, toujours facile à discerner, ils ont perdu en même temps ces biens et cette habitude.

« Ceci est affaire de grande orientation, affaire de bon pilotage en politique générale. A courir la mer où les concurrents sont nombreux, il y a de gros périls ! Sans doute ! Il y a aussi de gros bénéfices : la conservation de la vie, par exemple ».

Comprendre que l'avenir est sur mer, sentir que seul le mouvement est le conservateur de la vie des nations — comme de celle des individus voués par l'inaction à tous les maux physiques et moraux — telle est l'âme de cette étude qui, tout entière, serait à citer.

Les deux idées qui y reviennent avec insistance constituent, avec le suffrage familial, les points stratégiques choisis par Marchand dans le vaste champ de bataille des idées où tant de conquêtes sont encore à faire.

Reconnaître les droits politiques du père de famille, (1) accroître ainsi la natalité, comprendre enfin tous les trésors matériels et moraux qui doivent, dans les colonies, rendre à la France l'activité et le mouvement, telles furent les pierres angulaires de son œuvre écrite ; elles sont également les bases fondamentales de toute société bien comprise, de ce que devrait, active et rénovée, être la France de demain.

Nous ne vivons plus les heures lourdes, les heures de défaite qui se traînaient encore lorsque ces pages furent tracées ; les volontés actives et créatrices comme celles du héros de Fachoda qui en 1900 les avaient déjà rendues moins dures, ont achevé de les dissiper. Les derniers miasmes morbides qui s'attardaient dans notre air ont été balayés par le souffle de 1918. Mais la victoire ne portera vraiment ses fruits multiples que soutenue par les volontés régénérées. Certains vestiges de ce qu'on appelait la décadence française planent encore dans son ciel victorieux. Tous les nuages, si petits soient-ils, doivent être chassés sans retour. Volonté, énergie, devoir, patrie, doivent plus intensément que jamais « s'inscrire au programme » dans les âmes françaises. C'est l'ordre suprême dicté par nos morts, c'est le seul moyen de rendre utile leur sacrifice, de nous montrer enfin dignes d'eux.

Quel plus noble guide vers ce mieux être que le héros dont l'énergie à une des plus tristes heures de notre histoire morale a retrouvé la trace du droit

(1) Ou plus exactement du chef de famille car le père mort, c'est à la mère que, dans la pensée du général, doivent revenir les bulletins de vote.

chemin, de la gloire française, de l'honneur français ?

Ce que son épée et sa volonté firent alors, sa plume le tenta pendant les années qui suivirent, et les conseils qu'elle traça en un style étrange, à la fois vivant et savant, familier et pourtant de large envergure, qui tour à tour enserre l'idée, semble l'embrumer sous la multiplicité ou la profondeur des pensées, puis tout à coup la fait jaillir, invite à la méditer, ces conseils sont bien dignes de Paki-Bô, de celui qui ouvre les routes inexplorées ou se fraye un nouveau passage à travers celles qui, tracées jadis, se sont vues obstruées par le rampement des ronces. Ils sont dignes de son ardeur et de son courage, toujours avide à en découvrir de nouvelles.

En outre cette partie de l'œuvre de Marchand, si elle est généralement peu connue, n'en est pourtant pas la moins attachante, elle souligne d'un trait vigoureux la noblesse d'âme et de pensée, la sensibilité profonde et la grandeur morale de notre héros. Elle affirme des qualités de « guide national » qui font amèrement regretter son volontaire effacement. Si grand que soit le rôle de Marchand dans notre histoire contemporaine, elle laisse l'impression cruelle qu'il n'a pas donné toute sa mesure.

Parmi ses multiples randonnées, celle qu'il entreprit dans le domaine des lettres, ou plus exactement dans la lutte des idées, a droit à une place très à part, elle fait partie intégrante de ce tout splendide qu'est cette vie à la fois si diverse et si homogène et, comme ses heures glorieuses des contrées tropicales, elle a droit, elle aussi, à l'estime, à l'admiration et à la survie.

CHAPITRE IX

LA GRANDE GUERRE (1914-1916).

1914 : MARCHAND REPREND DU SERVICE. — A BELFORT. — GÉNÉRAL DE BRIGADE. — COMBAT DE LA CHIPOTTE. — FRONT D'ARGONNE. — PREMIÈRE BLESSURE. — CITATION.

1915. EN ARGONNE DIFFICULTÉS MATÉRIELLES ET MORALES. — A LA CHALADE FACE AU KONPRINZ, ATTAQUE VICTORIEUSE. — LES ROUTES. — MARCHAND GÉNÉRAL DE DIVISION. — EN CHAMPAGNE PRÉPARATION DU TERRAIN. — AU MILIEU DE SES HOMMES. — SON MÉPRIS DU DANGER. — PLAN DU GÉNÉRAL. — SA RÉALISATION. — PRISE DE LA FERME DE NAVARIN. — MARCHAND GRIÈVEMENT BLESSÉ. — GRAND OFFICIFR DE LA LÉGION D'HONNEUR.

1916. LA ROUTE DE PARIS. — FACE A LA GARDE PRUSSIENNE. — GRANDES POSITIONS COUVERTES. — ORGANISER ET RETENIR. — UN AVEU DE LUDENDORFF. — ESPOIR D'OFFENSIVE. — QUELQUES JOURS D'INSTRUCTION. — ATTAQUE VICTORIEUSE. — NOUVELLE BLESSURE DU GÉNÉRAL. — PREMIÈRE CRISE DE COMMANDEMENT.

1914. — La lutte pour les idées n'avait fait que changer les apparences de ce combatif ; par la plume ou par l'épée le colonel Marchand restait soldat, n'ayant qu'un but : servir la France.

Sitôt qu'il la voit attaquée, son ardent patriotisme reprend sa forme primitive. Il écrit au ministre de la guerre pour demander sa réintégration dans l'armée, prêt, au cas où on la lui refusèrait, à s'engager comme simple soldat.

La réponse ne se fit pas attendre : mis de suite à la disposition du général gouverneur de Belfort, il sera dès la fin du mois promu au commandement d'une brigade.

D'ici là de graves événements se déroulent : Par son Instruction générale n° 1 du 8 août, le général Joffre a manifesté sa volonté d'attaquer « toutes forces réunies, sa droite appuyée sur le Rhin ». La 1re Armée (général Dubail) marchera sur Sarrebourg, la 2e (général de Castelnau) sur Sarrebrück.

La 2e brigade coloniale (qui va devenir celle de Marchand) (1) fait partie de la première Armée. Le 19, Sarrebourg est occupé par nous, mais les éléments qui ont difficilement débouché en avant de la ville se voient arrêtés, le 20, par une violente rafale d'artillerie. A 11 heures, l'attaque des Bavarois se déclanche ; de lourdes pertes sont subies de part et d'autre. Il faut évacuer Sarrebourg. La lutte continue pied à pied et la retraite s'effectue en bon ordre ; mais c'est la retraite.

L'ensemble du front, fin août, ne permettant plus l'offensive de la droite, la 1re et la 2e Armées sont chargées de fixer l'ennemi. Les 5e et 6e Régiments d'Infanterie coloniale (qui forment la 2e brigade coloniale) sont engagés à la Chipotte, au sud de Saint-Dié, bientôt enlevé par les Allemands, puis à Saint-Benoît qui nous est aussi arraché.

C'est à ce moment que Marchand vient, comme colonel, prendre le commandement de la brigade, commandement qu'il conservera lorsqu'il aura, quelques mois après, reçu ses étoiles de général. Le village de

(1) Le premier commandant de cette brigade, le général Simonin, ayant été blessé.

Saint-Benoît fait l'objet de luttes acharnées où s'affirment la ténacité du nouveau commandant de brigade et son ascendant immédiat sur les troupes qui viennent à peine de le voir arriver, mais qu'enflamment de suite et sa réputation et son geste. La situation en Lorraine est grave ; il s'agit de défendre Nancy dont la prise aurait une extrême importance autant stratégique que morale — et Epinal, un des piliers de notre organisation fortifiée de l'Est.

Mais le destin tourne. Enfin, c'est la Marne.

Pendant la bataille « salvatrice » la 2e brigade coloniale qui lutte pied à pied subit des pertes cruelles, en particulier du fait de l'artillerie lourde des Allemands, dont les mortiers de 210 ensevelissent nos défenseurs dans leurs tranchées sommaires ; mais ces efforts ne sont pas vains : dans la nuit du 11 au 12, les Boches fléchissent. Elle les poursuit. La Chipotte redevient le centre de combats épiques : reprise, reperdue, puis reprise encore avec un acharnement inouï, malgré le manque de munitions qui, à ce moment, se fait si lourdement sentir, la position finit par rester entre nos mains. Les Allemands retraitent encore. Marchand les poursuit, ils traversent la Meurthe ; il les harcèle, leur arrache Péronne, Badonviller, et c'est jusqu'à la frontière qu'il parvient à les repousser.

La brigade va parer à un retour offensif de l'ennemi quand elle est relevée et transportée de toute urgence dans la région de Commercy, à cause des événements tout à fait graves qui viennent de se produire à Saint-Mihiel. Marchand, placé à droite du 8e Corps, attaque l'ennemi qui occupe les hauteurs au Sud de cette ville (forêt d'Apremont, le Mont-Sec.) Le 27, la brigade occupe Apremont et Loupmont, mais le matin du 28, l'ennemi, qui l'attaque avec des forces supérieures, l'oblige à s'établir un peu au sud de ces localités.

Le 1er octobre, le commandement français, en vue d'enrayer définitivement la poussée allemande et d'améliorer nos positions, fait prendre l'offensive.

La 2e brigade attaque sur le front Eperon S.-O de le Mont et de Loupmont. Le général qui entraîne son monde est blessé à la jambe d'un éclat d'obus. On l'évacue à Commercy. Il y reçoit la croix de guerre avec palmes avec la citation suivante :

« Marchand, colonel commandant la 2e brigade coloniale blessé le 1er octobre en entraînant sa brigade à l'assaut d'une position fortifiée défendit qu'on l'emportât et resta sur le terrain jusqu'à la fin de l'action, continuant à diriger le combat et exciter le moral de ses hommes. N'a consenti a être évacué qu'à la tombée de la nuit et sur l'ordre de ses chefs. Depuis sa prise de commandement a toujours fait preuve d'une bravoure exceptionnelle et a pris sur ses hommes un très grand ascendant moral. *Ordre du 12 octobre 1914.*

1915. — A peine remis, Marchand rejoint sa brigade qui part, le 31 décembre, pour le front d'Argonne où la situation est précaire. Elle va tenir un secteur délicat et sera rattachée temporairement, suivant les besoins du moment, à plusieurs divisions successives. Le général Gouraud, ancien compagnon d'armes de Marchand au Soudan, commande précisément une des divisions métropolitaines de l'Argonne avec lesquelles la 2e brigade coloniale devra collaborer. La saison est mauvaise et la lutte extrêmement pénible. La structure même du pays redouble la cruauté de l'effort. Partout des arbres qui masquent la vue, exposent aux surprises ; partout de l'eau qui envahit les tranchées, change la terre en boue, dégage une humidité malsaine.

Le terrain boisé ne permettant guère l'utilisation de l'artillerie, on y supplée par toutes sortes d'engins de tranchées, bombes, grenades à main, pétards à la mélinite et principalement par des mines. On vit donc là comme sur un volcan, sachant que dans un jour, dans une heure, l'instant qui va sonner peut-être, le sol va se déchirer avec un grondement féroce, cracher le fer, semer la mort.

La lutte déjà rude et déprimante se poursuit en outre pied à pied ; on se bat pour un entonnoir, pour un élément de tranchée. L'usure est grande et rapide.

Marchand, qui comprend la fatigue morale imposée à ses troupes en dehors des souffrances matérielles, reste avec elles en contact constant. Il n'admet pas que, même un instant, l'ennemi puisse avoir sur nous la supériorité morale ; il est un des seuls dont les nerfs demeurent intacts en cet enfer ; et tel est le rayonnement de sa volonté qu'elle gagne les autres, soutient et galvanise jusqu'au plus humble de ses soldats.

Le 15 janvier, la brigade passe au 5e Corps (Armée Sarrail). Après un repos de quatre jours, renforcée par le 33e R. I. C. et le 331e R. I., elle prend, près du Four de Paris, le sous-secteur de la Chalade.

C'est un défilé menaçant, la voie ferrée de Sainte

Menehould à Verdun que tient sur ce point la 2e ; contre elle s'acharne le XVIe allemand (groupe du Kronprinz, général von Mùdra) un des plus redoutables de l'armée ennemie.

En dehors de la valeur de ses troupes, von Mùdra dispose d'un matériel qui lui arrive directement de Metz. Tout ce dont il a besoin se trouve ainsi à proximité.

Les nôtres sont loin d'être placés dans des conditions aussi favorables. Leur activité néanmoins ne cesse pas de se manifester ; malgré la cruauté de la guerre de sape et de mines qui caractérise aussi ce secteur, ils tiennent l'ennemi sous la menace constante d'une attaque. De son coté le Boche réagit et bientôt passe à l'offensive. Il se jette sur le sous-secteur de l'Etoile, occupé par une brigade voisine. Sous la violence du choc elle cède du terrain, mais bientôt la 2e intervient et rétablit la situation.

Les 9 et 14 mars, la brigade attaque vigoureusement dans le ravin des Courtes-Chausses, mais ses effectifs trop faibles ne permettent pas d'obtenir le résultat espéré. Renforcée le lendemain par six compagnies, après une préparation d environ huit heures, elle reprend l'attaque. Cette fois le succès est complet, le front est enlevé sur une largeur d'environ 300 m. Malgré de furieuses réactions sur la crête militaire qui domine le ravin des Fausses-Côtes, le gain est intégralement maintenu.

Tenir dans un tel secteur semble déjà une tâche surhumaine. Le général ne s'en contente pas. Les routes manquent, les routes qui, indispensables aujourd'hui aux convois de ravitaillement et de munitions, seront demain la seule œuvre utile, la seule chose durable, qui restera de tout ce chaos.

Une large voie est donc créée à travers la forêt d'Argonne, cette voie qui, dite « route stratégique » déroule encore sa longue blancheur à travers les arbres mutilés.

En dehors de leur utilité militaire, ces travaux, dans l'esprit du général, ont un autre avantage : ils rappellent aux combattants que détruire n'est pas un but, mais une obligation provisoire qu'il faut à un certain point racheter ; de plus ces travaux, prix de leurs efforts, parfois de leur sang, leur rendent encore plus cher ce sol pour lequel ils ont peiné, doublent leur désir de le défendre.

Peut-être ailleurs eut-il été difficile d'obtenir d'eux ce surcroît de peine, mais ce chef qui vit auprès d'eux, lutte auprès d'eux, s'expose auprès d'eux, n'a qu'à formuler un désir pour que tous soient prêts à le réaliser. Prestige du chef, amour du chef, qui, quoi qu'on puisse où qu'on veuille dire, reste le premier facteur d'endurance, de courage, de succès.

Après la cruauté de l'hiver, le printemps qui commence à sécher les boues hivernales, rend enfin le secteur moins pénible, le général souhaite d'y rester pour achever l'œuvre entreprise quand, fin mai, on l'en retire pour lui confier un commandement supérieur, qui sera son commandement définitif. Une nouvelle division, la 10e division coloniale, se forme dans le midi ; il va en prendre le commandement, à Saint-Raphaël (20 mai).

La 10e division coloniale n'aura pas, de toute la guerre, d'autre chef que le général Marchand : le général l'a formée, l'a conduite à la bataille, puis, après l'armistice, l'a dissoute avant de rentrer lui-même dans la vie civile.

La 10e division coloniale est uniquement la « *division Marchand* » ; il est de stricte justice que ce nom lui reste devant l'histoire.

Remaniée dès son arrivée au camp de Mailly (nord de Châlons) elle reçoit les 33e et 42e R. I. C. En définitive elle est composée comme suit : 19e brigade comprenant les 33e et 52e régiments et 20e brigade comprenant le 42e et le 53e. Tous d'infanterie coloniale.

L'artillerie de la division comprend à la fois des batteries d'artillerie coloniale et des batteries d'artillerie métropolitaine, ces dernières proviennent du 29e régiment d'artillerie, originaire de Laon. Le génie de la division, qui rivalisera de vaillance avec l'infanterie et l'artillerie, et auquel le général Marchand demandera des efforts considérables, comprendra les compagnies 7/13 et 7/63. La nouvelle division fait partie du 2e corps d'armée colonial (général Blondlat) avec la 15e division coloniale et ultérieurement avec la division marocaine.

L'instruction achevée et menée avec un soin minutieux par le général, la division (affectée à l'armée Langle de Cary) est envoyée dans le secteur de Souain pour préparer l'offensive qu'on va déclancher en Champagne.

C'est le paysage classique de Champagne : Terrain peu accidenté se redressant en pentes douces où verdoient perpétuellement les rectangles des boqueteaux de sapins, arbres précieux pour la défense ennemie à laquelle ils offrent d'excellents emplacements de flanquement de mitrailleuses, presque impossibles à repérer. Après les tranchées de première ligne et la deuxième position, vient le sommet du dos de terrain, presque toujours en contrepente et qui utilise l'abri des bois. C'est sur cette défense que l'attaque, victorieuse au début, va venir se briser. Entre ces deux positions, des éléments de tranchée battent les abords de la grande route.

Juin, juillet et août sont employés à la préparation de cette attaque : elle est longue et difficile, l'ennemi est loin, il faut au préalable se porter à distance d'assaut, et pour cela préparer le terrain. Ce travail est poussé aussi loin que les moyens le permettent : Places d'armes, postes de commandements, grands boyaux, constructions de parallèles de départ avec gradin de franchissement, sont exécutés.

Tout ce qui s'agite en plein jour, dans cette plaine découverte, est impitoyablement fauché par les mitrailleuses ennemies. La nuit seule est propice au travail, le repérage y étant plus difficile malgré la lueur des astres et les fusées éclairantes de l'ennemi. Il faut obtenir de ces troupes, encore mal aguerries puisque de formation récente, le sang-froid nécessaire au bon accomplissement de cette tâche. Se battre est rude, mais si la mort vous guette alors, elle dort aussi dans votre main ; pouvoir frapper compense, dans une certaine mesure, de la menace d'être frappé. Là, c'est autre chose : l'œuvre qu'on accomplit semble pacifique, on pioche, on bêche, et tout à coup une marmite tombe, le travailleur, l'outil en mains, est fauché comme un épi mûr. Répondre la grenade au poing, bondir en avant serait facile, continuer à piocher, à bêcher inlassablement, est presqu'au-dessus des forces humaines. Mais, comme en Argonne, le général est là impassible, fumant sa pipe ; il est là, toujours en avant, au milieu de ses « poilus ». (1) Sa présence les rassure, et son exemple les réconforte. Lui aussi est exposé autant qu'ils savent l'être eux-mêmes : Ne pouvant pour l'instant les conduire à l'assaut, il est là, au milieu d'eux, les soutenant par sa parole, les exaltant par son exemple. Et les travailleurs se hâtent, ils redoublent d'ardeur, mettant une sorte de rage froide à se venger de ces attaques par une activité inlassable.

Inlassable aussi, le général veille. Pas une seule nuit qu'il ne passe entière dans la première ligne et même en avant, avec ses tirailleurs et ses patrouilleurs. Le dernier de tous il va se reposer, après s'être assuré minutieusement du travail effectué et de la sécurité de ses hommes. Il ne dort que passé huit heures du matin, à peine quelques heures à son P. C. Parfois même il ne veut pas aller si loin de l'ennemi, il s'installe à Souain même, où le bruit des balles et des explosions d'obus semble plus propice à son sommeil.

Sa résistance physique est devenue légendaire, ainsi que ses courses en auto. Passant par des chemins invraisemblables avec une fougue juvénile, il se permet des courbes, des rétablissements, des embardées, que bien des côtes de vingt ans n'auraient pas le courage d'affronter. Et les visiteurs de marque qui viennent

(1) Les marsouins de la division sont aidés dans une partie de leurs travaux de la région de Souain par le 336ᵉ R. I. particulièrement fier des éloges que lui décerne le général.

voir le général pour prendre un peu « l'air de son secteur » admirent, félicitent, s'extasient, mais ne prolongent guère leur séjour après qu'il leur a fait effectuer quelques-unes de ses fantastiques randonnées !...

La légende — est-ce une légende? — dit qu'un soir, entendant la trompe de l'auto qui, tous phares éteints, amenait le Général à quelques centaines de mètres de l'ennemi, des guetteurs allemands auraient de leur tranchée crié aux hommes : « Garde à vous... Voilà votre général. On entend sa corne » Le mot a transpiré jusqu'au G. Q. G, et c'est le généralissime, aujourd'hui maréchal Joffre, qui, quelques jours plus tard, le rapporta au général Marchand.

Ce mépris du danger qui fut, dès le début de sa carrière, un de ses traits caractéristiques, reste, ne l'oublions pas, une des plus nobles qualités d'un chef.

Il sied d'autant plus d'y insister que, si étrange cela puisse-t-il paraître, certains se sont plu à lui reprocher. Il s'exposa, oui certes, et resta, on peut le dire, en contact constant avec ses troupes, quand la direction de la bataille ne le retenait pas à son P. C. Alors, mais alors seulement, il partait en premières lignes, non sans avoir donné à son état-major, qu'il laissait au P. C., des instructions extrêmement minutieuses ; tout le possible, l'improbable même, était d'avance prévu. Son absence en ces conditions ne pouvait être dangereuse. Jalousie donc que ces reproches et rien d'autre... N'insistons pas. Mais il est facile de comprendre que seul ce contact constant avec ses hommes a fait d'eux l'admirable instrument de défense et de victoire qu'ils furent de la première heure jusqu'à la dernière.

Evidemment Marchand exposait ainsi une vie plus précieuse que beaucoup d'autres, mais en revanche il prouvait à ses soldats que les chefs aussi savent s'offrir à la mort ; et s'il valait mieux, peut-être, que tous n'agissent pas ainsi, du moins était-il salutaire que quelques uns sachent le faire. Il n'est pas inutile parfois de prouver que le danger est égal pour tous.

Le général savait tout cela, il n'y courait pas par témérité ; il s'y exposait par devoir, allant simplement, bravement, là où il estimait devoir aller :

« La situation militaire, mon pays, ma femme, me sont venus à la pensée. J'ai fermé les yeux... et j'ai attendu » disait-il à un jeune officier qui s'enquerait de ses impressions un jour qu'un « gros noir » venait de tomber juste devant lui. L'obus par miracle n'avait pas éclaté, mais un homme dont des visions si chères viennent à la pensée à une heure suprême ne court pas à la mort « par plaisir ». Tout ce qu'on peut dire est qu'il ne se permettait pas de la craindre et que, peut-être, au milieu de ses préoccupations supérieures, il allait jusqu'à l'oublier. Elle se rappela brusquement à lui le 25 septembre 1915 à Suippe. Mais n'anticipons pas. A ce moment se place un fait qui fut peut-être unique dans les annales de cette guerre.

La division, comme nous venons de le voir, avait à effectuer de difficiles travaux d'approche, mais un grave écueil subsistait : tandis que sur la plus grande partie de notre front nos lignes se trouvaient à peu près à égale distance de l'ennemi, la distance était au contraire plus considérable là où se trouvait la division.

La position allemande faisait un rentrant au nord

des sources de la Ain. Entre ce rentrant et la ligne française d'en face se trouvait un « no mans land » très étendu et où ne circulaient qu'avec de grandes précautions des patrouilles françaises et allemandes. Des cadavres de 1914 s'y trouvaient encore, n'ayant pu recevoir de sépulture. C'est ce terrain que la 10e D. I. C. devait occuper pour s'établir à distance d'assaut du Boche. Il fallait donc avancer les travaux d'organisation de 1200 mètres vers l'ennemi, « pour que les deux fronts adverses retrouvassent la continuité d'un parallélisme rapproché à 100 mètres ». Plusieurs semaines, en employant les méthodes courantes, étaient nécessaires pour assurer le gros du travail. Or l'attaque devait être déclanchée dans trente jours.

C'est alors qu'une idée, admirable à la fois d'audace et de calcul, se présenta au cerveau de Marchand : d'ordinaire, on creusait une tranchée auprès de l'autre, parallèlement, afin de travailler le plus abrité possible, et l'on avançait ainsi, par vagues successives, dangereuses certes, mais incomparablement moins que ne l'eût été le travail en ligne droite qui se fût, en revanche, accompli bien plus rapidement. Ce travail s'effectuait dans le plus grand silence et l'on se gardait de faire donner l'artillerie afin de ne pas s'attirer de riposte. La riposte venait pourtant et bien des hommes tombaient pour ne plus se relever.

Le général jugeant que le bruit des pioches qui donnait toujours l'éveil gagnerait, au contraire, à être couvert par le tonnerre de l'artillerie, ébaucha un plan différent: On travaillerait en ligne droite, en avant, à découvert, l'artillerie rugirait de toutes ses gueules pour donner le change à l'ennemi et en une nuit les tranchées auraient atteint son voisinage immédiat.

A tout autre ce plan eût semblé irréalisable ; mais le héros de Fachoda a toute sa vie reculé les limites du possible, l'extraordinaire ne l'effraye pas : il est de force à l'accomplir.

Il envoya un de ses officiers soumettre le projet au général de Castelnau ; ce dernier l'étudia longuement ; une grande pâleur était descendue sur ses traits tant sa réflexion était intense : autoriser cet essai semblait tenter Dieu, le défendre était s'interdire tout l'espoir d'un succès que seule l'égalisation de la ligne de tranchée pouvait permettre. On sait la profonde piété du général qui se dénomma pittoresquement lui-même « le Capucin botté ». Il ferma un moment les yeux pour se recueillir, comme en prière, puis d'un geste dont on lance un navire dans la tempête pour en sauver un autre en perdition :

« Essayez ! c'est saint-Louis demain ! » Le croyant n'escomptait qu'un miracle pour rendre le travail possible...

Et le miracle fut accompli. Tandis que chacun attendait anxieux le cœur battant à se rompre le résultat d'une pareille audace, — douze mille hommes sur un étroit espace, travaillant poitrines découvertes à quelques mètres des mitrailleuses ennemies — une formidable rafale d'artillerie française noyait le bruit des pioches et tenait les Boches terrés.

La division Marchand, que son général ne quitta pas une seconde, fit dans cette nuit le bond essentiel et les principaux travaux, l'harmonie des lignes de départ était rétablie, et presque personne ne manquait à l'appel.

Un tel fait d'armes eût dû rester célèbre dans les annales militaires ; malgré la récompense qui le souligna il demeure à peu près ignoré.

J'ai vu des officiers, qui avaient vécu cette nuit tragique, en frémir de rage ; mais le général demeure impassible. Tant d'iniquités se sont multipliées sur sa route qu'il n'en est pas à une près. Il sourit des impatiences juvéniles qui l'entourent... et passe impénétrable, comme illuminé, ne songeant qu'au nouveau devoir à remplir.

Est-ce la vie qui l'a façonné ainsi, comme l'enclume et le marteau façonnent rudement le métal ? Est-ce le fond même de son âme qui, en constante recherche du mieux, s'élève en quelque sorte au-dessus de la vie ? Je ne saurais trop le dire, mais il est certain qu'il y a en cet homme autant du soldat que de l'apôtre, autant du héros que du martyr.

Un mois plus tard, le 25 septembre, l'attaque se déclanche en Champagne à l'ouest et à l'est de la route de Suippes à Sommepy. La division, au centre, occupe le front compris entre la route et la lisière ouest du bois Sabot. Son objectif le plus délicat est la ferme de Navarin.

La 10e attaque avec ses deux brigades accolées — 19e brigade (colonel Scal) à gauche, 20e R. I. C. (colonel Peltier) à droite, la brigade de la Légion (colonel Delavau) en 2e ligne. Partie à 9 h. 1/2 du matin, elle a, à 10 heures, enlevée les 4 kilomètres qui étaient à parcourir. L'objectif même est dépassé, malgré l'élévation des pertes. Un quart d'heure à peine après ses troupes, le général va arriver... l'élan donné par cet homme va se poursuivre. Comme un arc qui vient de lancer sa flèche demande à être bandé à nouveau, la troupe a besoin d'une impulsion nouvelle, l'impulsion du chef ; il va venir et le fluide d'héroïsme qui émane de lui va une fois de plus les jeter en avant.

Mais il est dans les parallèles de départ, sous les tirs de barrage allemands — qui viennent de tuer à ses côtés un officier d'état-major auquel il parlait, — écoutant, inspectant, ne voulant rien laisser au hasard. Tout à coup des crépitements rapprochés lui semblent d'un mauvais présage. Il veut voir ; d'un bond il s'élance vers le danger ; ceux qui le suivent n'ont même pas le temps de le supplier de prendre garde... La mitrailleuse allemande dont le feu va s'éteindre tire sur lui ses dernières cartouches. Il ouvre les bras, tombe en arrière, son officier d'ordonnance le relève, une balle a traversé le ventre et atteint la colonne vertébrale. C'est la mort presque inévitable.

On apporte un brancard, on l'y étend, la tragique nouvelle se répand, et avec elle la stupeur et le chagrin. Sur la route de Souain à Suippes un régiment de spahis passe pour suivre la division Marchand et exploiter le succès ; son colonel voit le cortège, se précipite, reconnaît son chef, et grave, les yeux pleins de larmes, esquisse le salut de l'épée... le salut au mort !.. Mais une main se tend vers lui, serre la sienne, puis retombe épuisée par l'effort (1).

Depuis dix-sept ans il était commandeur de la Légion

(1) Cette scène a été reproduite par un tableau de Georges Scott.

d'Honneur, le général de Castelnau à Suippes, prend sa propre plaque de Grand Officier et l'accroche sur la poitrine du général blessé. Cette promotion parut au *Journal officiel* avec le texte de citation suivant :

« Est inscrit au tableau spécial de la Légion d'Honneur pour être élevé à la dignité de Grand Officier, pour prendre rang du 26 septembre 1915.

« Marchand (Jean-Baptiste) général de brigade à titre temporaire, commandant par intérim une division d'infanterie coloniale, a donné dans la préparation et l'exécution des attaques dont il était chargé, de nouvelles preuves des plus hautes vertus militaires et d'une bravoure devenue légendaire. A tracé lui-même sur le terrain découvert, devant les lignes ennemies, les tranchées à pousser en avant. Grièvement blessé en conduisant sa division à l'assaut. A su inspirer à tous la volonté indomptable de suivre partout un tel chef, digne d'être donné en exemple aux plus vaillants (croix de guerre) ».

Une citation collective est en outre décernée au 2e corps colonial composant la 10e et 15e D.I.C. et la division métropolitaine du Maroc qui : « ont enlevé dans un vigoureux assaut la première position ennemie puissamment organisée et, par certains de leurs éléments (division Marchand) atteint d'un seul bond la 2e position allemande. »

Le sort a été cruel pour la division : en même temps que le général, tombaient ses deux commandants de brigades, l'un tué, l'autre grièvement blessé. Le colonel du 33e R.I.C. avait été lui-même tué.

Et les soldats n'avanceront plus ce jour là ; l'élan est réellement brisé avec l'être qui en était l'âme ;

le soir la division est immobilisée aux abords de Navarin. L'état du blessé est tel qu'il est impossible de le transporter, il faut le laisser à Suippes. Les obus de très gros calibres (380 notamment) éclatent sans cesse et c'est dans une casemate souterraine qu'on lui donne les premiers soins.

Comment le mourant qu'il était alors put-il supporter le manque d'air de cet asile, cela aussi est un miracle ; nul n'espérait plus le revoir.

Une fois de plus cependant Marchand triompha de la mort, mais elle continua longtemps à planer à son chevet. Sitôt qu'il eut repris des forces, on le transporta à Paris (1) car une opération était nécessaire et là encore le danger fut grand.

La volonté acheva ce que des soins dévoués avaient commencé ; de longs mois de convalescence semblaient malgré tout nécessaires. Trois mois plus tard, sa blessure à peine fermée et toujours douloureuse, il reprenait le commandement de sa division qui, en réserve au sud de Compiègne, jouissait d'une période de repos.

1916. — Ce repos fut suivi d'une nouvelle période d'instruction au camp de Saint-Riquier près d'Abbeville, instruction rendue nécessaire par les nouvelles méthodes employées. Malgré sa fatigue et sa faiblesse, le général s'y consacra avec son énergie coutumière.

C'est une des nombreuses nouveautés de cette guerre que ces changements continuels apportés aux méthodes et aux armements ; évolutions constantes

(1) Dans l'automobile du général Baratier, son lieutenant de la Mission.

qui tendent non seulement la volonté, les nerfs, le courage, mais l'intelligence à l'extrême.

Après une courte période de repos en janvier 1916 dans la région de Montdidier, la division part à l'est de cette ville où elle prend le secteur de Piennes, son front allant de Beuvraigne à la Chapelle-Saint-Aurin (sur l'Avre) ; elle fait toujours partie du 11e C. A. C. qui appartient alors successivement à la VIe armée (général Dubois, puis général Fayolle) et à la Xe Armée (général Micheler.) Elle sera renforcée au printemps par plusieurs bataillons de tirailleurs sénégalais, et a précédemment reçu le 18e R.I.T. qui fera partie de la division Marchand presque jusqu'à la fin de la guerre.

La position est importante ; c'est la route, la clé de Paris. C'est dans ce secteur que, deux ans plus tard, les Boches, déferlant par Roye, essayeront la seconde ruée « Nach Paris » qui faillit changer le sort de la guerre.

Verdun est violemment assailli, nous allons essayer sur la Somme une vaste diversion pour le décongestionner, il importe « d'accrocher » partout le maximum de contingents ennemis.

Face à la 10e se trouvent les 1re et 2e divisions de la garde prussienne, division de grenadiers et division de fusiliers qu'elle a mission de retenir. Elle est juste à cheval sur la limite de ces troupes d'élite... et elle les retient en effet et les retiendra jusque vers le milieu d'Août, c'est-à-dire pendant plus de sept mois.

En outre il y a de formidables travaux à accomplir. Les organisations de 2e ligne manquent, qui sont, à juste titre, considérées comme indispensables. La première ligne est sujette à une surprise, l'adversaire qui s'acharne sur elle à flots d'hommes et de munitions peut, presque toujours, s'en emparer... quitte à s'en voir immédiatement rejeté par une contre-attaque. Un coup de main heureux peut obtenir le même résultat. En revanche, la résistance doit se montrer inexpugnable sur la seconde ligne, sorte de forteresse à laquelle il faut se cramponner à tout prix pour éviter la percée dont les effets (on le verra, hélas ! au printemps 1918) peuvent être incalculables. Il fallait donc sur ce point essentiel des organisations de deuxième ligne particulièrement solides, et aussi des organisations d'abri sur la grande route Roye à Montdidier.

La division préparait même le terrain pour ses camarades, et le 1er C.C. dont elle avait organisé le secteur, à cheval sur l'Arve devant Roye, disait n'en avoir jamais rencontré de si parfait.

Les travaux ordonnés par le général étaient en effet formidables ; huit à dix lignes de fils de fer s'échelonnaient. On eût dit qu'il pressentait la ruée future. Il entreprit aussi l'organisation offensive des bois des Loges et de Thilloloy et la création d'une vaste position couverte. Cette position qui s'enfonçait profondément dans le sol pouvait abriter un nombre considérable de réserves. Elle reste encore une des curiosités de la guerre, et comme le blé peut pousser, la vie reprendre au-dessus d'elle, il faut espérer qu'on conservera « Cryptopolis » sur la route de Roye à Montdidier.

Derrière cette position passait une grande route couverte, que le général baptisa « route Alexandre ». C'était une combinaison ingénieuse : Route à son commencement dans les bois, — qui en diminuaient la visibilité — elle se transformait ensuite en boyaux grâce auxquels les relèves pouvaient gagner leur poste presque sans être à découvert.

C'était une des joies du général que la diminution des pertes dues à cette organisation.

Il fallait accomplir tout cela en hâte, aidé par des régiments territoriaux de passage. Tous les éléments disponibles étaient requis pour seconder la division qui donnait elle-même jusqu'à l'extrême limite de ses forces. Car, il ne faut pas l'oublier, en ce secteur où les troupes étaient peu nombreuses — la bataille de Verdun qui faisait rage absorbait nos munitions et nos canons — la tâche à remplir était double, puisqu'il importait, en dehors de la préparation du terrain, de retenir par des démonstrations et des coups de mains répétés, les fameuses divisions de la garde, de joindre aux travaux de la défense la lutte par moment acharnée.

C'était donc un des points les plus délicats où la moindre faute eût pu tout compromettre.

On a souvent le tort de ne voir dans l'immensité du front de bataille que les actions offensives.

Elles sont, en quelque sorte, l'achèvement de l'œuvre, son aboutissement logique, sa raison d'être. Sans elles rien n'est possible, et l'on connaît la misère morale des longues stagnations qui un moment faillirent nous perdre. Mais, s'il est impossible de ne pas attaquer, si le mot concis d'un de nos plus grand chefs « Où, quand, comment attaquer. Voilà toute la guerre ! » est et restera la formule de la victoire, il ne faut pas omettre le rôle important de ceux qui *tiennent*, pendant que les autres *enfoncent*. D'un intérêt réduit pour qui juge à fleur de pensée, leur rôle, lorsqu'on en scrute l'importance, apparaît soudain à son plan réel. Et les vrais chefs le savent bien : Tandis qu'eux se lancent en avant, risquant tout, au milieu d'une orgie de fer et de feu, pour exécuter le bond qui abrégera le supplice des envahis et diminuera la distance qui sépare de la victoire ; tandis qu'ils luttent, qu'ils avancent, qu'ils vainquent, si une seule partie du front ne se maintient pas à la hauteur qu'on attend d'elle, si cette partie cède, c'est l'ensemble des succès compromis, la victoire remise à date ultérieure, peut-être perdue à jamais. C'est pourquoi, après avoir employé pour la « percée » le plus grand nombre de leurs bataillons, ils en laissent certains, et parfois les meilleurs, aux points les plus graves. Gardiens vigilants de l'œuvre d'hier, sécurité de celle de demain. Sans l'attaque tout le reste ne servirait à rien, en revanche sous la stabilisation du reste du front, sans les travaux préparatoires, elle ne pourrait se déclancher et ses plus brillants succès se changeraient bientôt en désastres. Ainsi que dans une machine toutes les pièces sont nécessaires pour concourir à la bonne marche de l'ensemble, ainsi, sur un front de bataille, chaque régiment, à son poste, accomplit en quelque sorte non seulement la tâche qui lui est dévolue, mais un peu aussi celle que, grâce à son concours parfois effacé, il permet aux autres de réaliser.

C'est une tâche de cet ordre que, jusque vers le milieu d'août 1916, la division Marchand eut à remplir. Elle s'en acquitta admirablement. Verdun, depuis le milieu de février, se défendait avec un acharnement sublime, les armées boches déferlaient sur les héroïques défenseurs des forts. On se rappelle, en mars, la lutte vers la cote 304. Malancourt, Hancourt, Béthincourt pris, puis la ruée sur Avocourt, la défense désespérée du Mort-Homme. La chute de Douaumont la perte de Vaux ! Les effectifs allemands fondaient, mais notre situation était précaire... quelques épées de plus dans la balance eussent pu faire changer le destin. Ce sont ces épées, ces épées d'élite, que la 10e D.I.C. sut retenir en gardant, rivés en face d'elle, les contingents de la Garde Prussienne. Et c est ainsi que de la Somme, de son secteur de la route de Roye, la division se battit pour Verdun, aida ses héros à tenir, leur ouvrit la voie de la victoire.

Puis ce fut l'offensive de la Somme, déclanchée par Joffre. La poussée britannique vers le nord et, plus bas, celle de la VIe Armée française et de la Xe à laquelle appartenait la division. L'usure des troupes ennemies fut telle que Ludendorff lui-même dut en convenir (1).

« Nous avions perdu beaucoup d'hommes et de matériel,

« L'usure en forces physiques et morales était intense : les divisions ne pouvaient rester que peu de jours en position. Il fallait les relever souvent, pour les reposer sur des fronts calmes. Il était impossible de les conserver en position de réserve, nous n'avions pas pour cela les forces suffisantes.

« La situation sur le front ouest était tendue à un point que je n'aurais pas imaginé.

« L'image que je m'étais faite de ce qui se passait à

(1) Érich Ludendorff : *Souvenirs de guerre*. Payot. Paris, 1920.

Verdun et sur la Somme prit encore à mes yeux des couleurs plus sombres après tout ce que j'eus à entendre.

« La puissance défensive de notre infanterie s'usa à un point tel que l'attaque par masses de l'ennemi put réussir. Nous ne perdions pas seulement notre ressort moral, mais nous perdions aussi, sans compter le sang répandu en abondance, un nombre important de prisonniers et beaucoup de matériel de guerre. »

On voit d'après cet aveu du premier quartier-maître général de l'armée allemande, la crainte que dut lui inspirer la 10ᵉ division pour qu'il laissât en face d'elle en une heure aussi tragique deux de ses meilleures divisions : le corps d'armée entier de la garde impériale.

Un moment, il avait été question, de notre côté, de prolonger l'offensive sur le front de la 10ᵉ. Après avoir si vaillamment tenu, elle allait enfin bondir à son tour, tous les cœurs battaient d'impatience. Mais il y avait tant de canons, d'obusiers et de mitrailleuses en face d'elle, si délicat était ce secteur tenant en ligne directe, comme nous l'avons remarqué, la route de Paris, que le haut commandement ne voulut pas, pour l'instant, demander davantage à ces troupes qui avaient déjà tant donné. On se contenta de leur prescrire des démonstrations pour inquiéter la garde prussienne au moment de l'attaque de la Somme.

Alertée d'abord, la garde ne tarda pas à s'apercevoir de la feinte. Les aviateurs « ces yeux des armées », ayant signalé que le nombre limité des troupes en secteur ne permettait pas une diversion un peu importante, la garde fut retirée... et la division aussi.

Remise quelques jours à l'instruction, elle est transportée, au début de septembre, dans la région d'Ignancourt (au sud-est de Villers-Bretonneux). Elle est en réserve, au « garde à vous », immédiatement en arrière de l'attaque, à la disposition du commandant de groupe d'armée, Foch.

A cette époque (sept. 16) on pensait fort à la percée. L'usure, avouée depuis par Ludendorff, eut pu se changer en écroulement. L'espoir fut déçu, la percée ne s'accomplit pas, la division n'eut pas à intervenir dans le rôle décisif qu'elle espérait, et que le commandement en chef avait fait luire à ses yeux.

Octobre la voit occuper le secteur de Belloy-en-Santerre-Becquincourt (P. C. de la division près de Dompierre) et préparer le mouvement par lequel la Xe armée espère s'aligner sur le pont Chaulne, lisière du Pressoir. Les objectifs en face de la division sont Barleux et Villers-Carbonel.

Elle a à subir quelques coups de boutoir ennemi et surtout un bombardement intense qui lui cause des pertes très cruelles. C'est la pleine mauvaise saison. Elle n'en réagit pas moins par des opérations de petite envergure, mais extrêmement brillantes en attendant l'attaque principale.

Celle-ci est déclanchée le 14. Du côté de la division Marchand, la première ligne est enlevée à la grenade. Ses régiments s'emparent en particulier des tranchées de Souabe et de Sansonnet, et pousseraient plus loin leurs avantages si le commandement n'avait pas décidé de limiter provisoirement leurs objectifs.

Les jours suivants les allemands réagissent, se ruant avec rage sur la tranchée « des Annamites » qu'ils ont perdue et veulent reprendre. Malgré leur infériorité numérique, les nôtres s'élancent, contre-attaquent et reprennent intégralement le terrain. Fidèle à sa coutume, le général aussitôt vient sur place pour l'organiser.

Le 17 octobre 1916, comme il s'en retourne à la nuit tombante, le bombardement redouble. Prudent par hasard, il quitte la route spécialement battue et se rapproche d'une de nos batteries. Le tir aussitôt s'y transporte et un obus l'étend, blessé à la jambe, en même temps qu'il tue le capitaine d'état-major qui l'accompagnait.

La blessure, malgré la petitesse des éclats d'acier reçus, est mauvaise et nécessite une intervention chirurgicale immédiate, très douloureuse. Tout autre que le général Marchand irait dans une ambulance se faire soigner et se remettre. Mais lui, se raidissant contre les conseils — et presque contre les ordres — de ses chefs demeure à son P. C. de Becquincourt, bombardé chaque jour et dénué de tout confort, et continue à exercer, sans interruption, le commandement de sa division, ainsi qu'une troisième citation en fait foi :

« Marchand (Jean-Baptiste) général de brigade commandant la 10e division d' I. C : Magnifique soldat. Au cours des opérations sur la Somme a donné de nouvelles preuves de ses qualités exceptionnelles d'activité, d'énergie et de bravoure. Blessé de plusieurs éclats d'obus le 17 octobre au cours d'une reconnaissance de son secteur, a refusé de se laisser évacuer et a continué à assurer le commandement de sa division dans un P. C journellement bombardé par l'ennemi. »

C'est sa troisième blessure : La première, octobre 1914 dans la Wœvre, la deuxième, en Champagne, en septembre 1915 et enfin celle-ci, dans les tranchées de la Somme encore en octobre 1916 (1).

Septembre, octobre, dates fatidiques pour le général. C'est fin septembre qu'au Congo en 1897 il a déjà failli mourir, et c'est en automne, deux ans plus tard, qu'il y appris l'inutilité de toutes ses souffrances, l'anéantissement de tous ses espoirs. Il est curieux de constater l'influence que les nombres et les époques ont sur certaines existences. Chaque fois que le général eut à souffrir dans son âme ou dans sa chair, ce fut à ces dates automnales. Je n'en tire pas de conséquences, je constate seulement, ne pouvant me défendre de penser qu'il y a peut-être là un de ces mille inpondérables qu'on nie souvent, faute de pouvoir se les expliquer, mais dont l'observation influencerait peut-être (je dis peut-être) le cours fragile de nos destinées.

La nuit même qui suivit la blessure du général Marchand, au petit jour, l'ennemi déclancha une nouvelle attaque d'une extrême violence. Sous le premier choc nos troupes oscillèrent, mais une vigoureuse réaction rendit pour ainsi dire instantanément le terrain perdu et nous donna de nombreux prisonniers. Néanmoins les pertes furent lourdes et s'aggravèrent encore par le départ des Sénégalais (obligés par le froid de gagner le midi).

On entreprit bien une opération préparatoire contre le plateau de Villers-Carbonel, mais la pluie défon-

(1) Avec ses blessures antérieures d'Afrique cela fait, au général, six chevrons à sa manche.

çant les routes, le ravitaillement ne pouvait plus être régulièrement assuré. Malgré l'impulsion donnée aux travaux par le général, les hommes manquaient d'abris suffisants. En présence de conditions si défavorables, le projet d'attaque fut d'abord différé, puis abandonné.

Relevée vers le milieu de novembre, la division fut envoyée au repos en arrière de la Xe armée. Sauf les quelques jours d'instruction (une quinzaine environ) de la fin d'août, elle avait été sur la brèche depuis fin janvier, c'est-à-dire pendant près de dix mois.

A ce moment survint la première crise de commandement. Le vaste plan d'offensive de Joffre (qui venait de réaliser l'unité d'action) était suspendu. Il sera repris dans ses grandes lignes par Nivelle, le nouveau généralissime, mais la diminution d'autorité que ce chef se vit infliger, l'ingérence constante des parlementaires dans les questions militaires, la fâcheuse habitude que nous avons en France, de ne pas nous préoccuper des compétences, habitude qui nous valut de voir transformer un habile mathématicien en ministre de la guerre néfaste, firent que ce plan, dont l'exécution eût pu avancer d'un an la paix victorieuse, ne put pas atteindre son développement. La victoire est une chose qui plane et qui vole ; à vouloir régler son élan au chronomètre on risque de lui briser les ailes.

Ce fut la faute impardonnable de nos dirigeants d'alors, la lourde faute dont les conséquences tragiques, malgré la paix, malgré la victoire, pèsent encore aujourd'hui sur nous, obscurcissent l'avenir. Mais nous n'avons pas à y insister ici.

CHAPITRE X

LA GRANDE GUERRE 1917-1918.

1917. PRÉPARATION DE L'ATTAQUE DU CHEMIN DES DAMES. — OPINION DE MARCHAND. — SES BONDS EN AVANT. — HURTEBISE. — SUCCÈS DE L'OFFENSIVE. — SON ARRÊT. — NOUVELLE CRISE DE COMMANDEMENT. — LA DIVISION RECONSTITUÉE. — EN LORRAINE. — VERDUN. — ATTAQUE BOCHE. — CONTRE OFFENSIVE VICTORIEUSE. — RAFALE D'ARTILLERIE. — OBUS TOXIQUES. — MARCHAND ÉCHAPPE ENCORE MIRACULEUSEMENT A LA MORT. — MISSION REMPLIE. — DOUZE JOURS DE REPOS. — RETOUR AUX HAUTS-DE-MEUSE.

1918. MULTIPLES OPÉRATIONS. — ATTAQUE DU PRINTEMPS. — LA 10ᵉ DEVANT SAINT-MIHIEL. — FRONT TRÈS ÉTENDU. — BRILLANT COUP DE MAIN. — REPOS DE 24 HEURES. — MARCHAND SUR LA MARNE. — PSYCHOLOGIE DES PRINTEMPS 1917 ET 1918. — A CHATEAU THIERRY. — A NOUVEAU SUR LA MARNE. — LUTTE PIED A PIED. — CONTRE-ATTAQUES VICTORIEUSES. — MARCHAND AVANCE. — A VERDUN — ATTAQUE SUR SAINT-MIHIEL. — DERNIER SECTEUR. — L'ARMISTICE. — L'OCCUPATION.

1917. — Au début de janvier la division est acheminée par voie de terre, c'est-à-dire par marches, dans la région de Crèvecœur (Oise) (Q. G. à Coulanges) afin de préparer l'offensive dans laquelle la VIᵉ Armée (Mangin) à laquelle elle sera rattachée, aura une part prépondérante.

Elle se livre, à cet effet, et par une saison très rigoureuse, à une série d'importants travaux de préparation de terrain, alternant avec des périodes d'instruction au camp de Dravegny. Son secteur de travaux très étendu va de Cerny en Laonnais jusqu'au delà d'Hurtebise vers le plateau de Californie.

Au cours de cette préparation, le général échappa presque miraculeusement à la mort. Un matin, confiant dans l'opacité du brouillard, il s'était posté à quelques dizaines de mètres des guetteurs ennemis, pour mieux s'assurer des précautions à prendre pour ménager la vie de ses hommes. Le brouillard s'étant à demi dissipé presque subitement, l'ennemi tira des salves de mousqueterie sur le général ; le lieutenant-colonel Le Hagre qui était auprès de lui fut tué raide d'une balle au cœur.

Le général Marchand, disons-le de suite, comme le général Mangin d'ailleurs, eut souhaité qu'on retardât l'offensive de quelques semaines afin d'attendre la fin des pluies.

Leur avis malheureusement ne prévalut pas.

Fin mars, la division est mise définitivement en place sur le front de son attaque, du poteau d'Ailles à la vallée Foulon, à droite devant la ferme d'Hurtebise et le monument érigé en souvenir des batailles de 1814 ; les Allemands, eux, tiennent la crête large de 200 mètres à peine et dominent de plus de soixante-dix mètres les contingents de la 10e postés dans la vallée Foulon et sur les plateaux latéraux d'Oulchi et de Pécy (1). La partie nord offre une série de promontoires à plans abrupts, formant de véritables bastions ; cinq ou six lignes de tranchées aggravées par des tunnels, dont nous ignorons l'existence, achèvent

(1) C'est l'emplacement précis du terrain de la bataille du 6 et 7 mars 1814, où Napoléon, qui commandait en personne l'armée française, écrasa les Austro-Russes sous les ordres de Blücher.

de faire de ce point la plus formidable position de tout le front occidental et peut-être de l'ensemble des théâtres de la guerre.

Devant ce réduit central de la forteresse naturelle de l'Aisne, si bien décrite par Madelin, la division Marchand (renforcée de 7 bataillons sénégalais) qui a pour mission de l'enlever et le même jour d'atteindre la plaine sous Laon, doit en outre, pendant toute la durée de la bataille de 100 heures prévue, jouer le rôle de charnière d'articulation des mouvements combinés des deux armées d'attaque (V et VIe) et ouvrir sa principale route à l'armée d'exploitation (X^e^).

Le 16 avril à 6 h. du matin, heure de l'offensive générale, appuyée du feu de 380 canons de tous calibres, elle attaque sur le front d'Aillés à Hurtebise et Vauclère.

Au centre, les hauteurs du monument sont dépassées et, selon l'expression même du commandant de la VIe armée, elle « enlève d'un magnifique élan la position d'Hurtebise », certains éléments atteignant l'Ailette. A gauche elle emporte la tranchée d'Ems à la crête de l'isthme très étroit, et prend pied sur le plateau ; mais il lui est impossible d'en descendre. Les bataillons de 2e ligne éprouvent de grosses difficultés à progresser. Les abords de la ferme d'Hurtebise sont nettoyés ainsi que les nombreux tunnels qui l'entourent. Des éléments avancent jusque dans les bois de Vauclère.

A l'ouest, le bond plus important encore est enrayé par de très lourdes pertes. Nos troupes ont pu atteindre les pentes nord du plateau et les dépasser et le 68e B. T. S. occupe la tranchée d'Essen dont la crête militaire surplombe le village d'Ailles. Le 71e B. T. S. est arrêté à la tranchée de Winterberg.

A gauche le 53e R. I. C. — qui va à cette occasion recevoir la première fourragère décerné à la 10e D. I. C. — atteint l'ouest d'Ailles et fait de nombreux prisonniers, mais les rafales des mitrailleuses du gros réduit de la Bovelle que ne parvient pas à enlever la division de gauche, limitent de ce côté toute progression.

L'avance n'est malheureusement pas égale sur tout le front de l'Armée, sur le plateau de Craonne, des mitrailleuses allemandes se découvrent, qui creusent dans les rangs français des larges sillons : certains bataillons avancent, tandis que d'autres, au contraire, sont rejetés jusque sur leur base de départ. Il s'en suit, dès 10 heures du matin, une désorganisation fâcheuse. Malgré céla la situation subit peu de changement les 17 et 18.

« La bataille n'a pas pris la forme prévue, mais elle continue. Ce n'est pas le succès escompté, rapide, foudroyant même, mais c'est le succès » ; constate un des principaux acteurs du drame. Pourtant par une mesure inexplicable (ou trop explicable au choix) le général Micheler a retiré dès le 16 toute l'artillerie d'un corps d'armée et trois groupes de 155 à la VIe armée qui, dans la soirée, se voit privée de toutes ses réserves et d'une grande partie de son ravitaillement en munitions. Elle n'en continue pas moins au centre à avancer de façon appréciable (Braye-en Laonnois-Ostel). Le 17, elle occupe le Fort de Condé.

Malgré de violentes contre-attaques effectuées par la garde prussienne (Ve D. I.) la division Marchand se maintient à la ferme d'Hurtebise et arrache encore à l'ennemi 500 prisonniers et 2 canons de 105.

L'offensive tout entière d'ailleurs a obtenu de grands avantages ; peu de terrain peut-être, bien que Laon commence à se voir évacuer par les Boches et que la voie ferrée de Soissons à Reims soit entièrement dégagée, mais des positions importantes et d'excellents observatoires d'artillerie, entre autres ce massif de Moronvillers qui, selon Ludendorff même, constitue une position de premier ordre. Les prises sont de 21000 prisonniers dont 5430 à la VIe armée, et de 183 canons. Les Allemands s'inquiètent, « limogent » leurs généraux : « Notre consommation en troupes et en munitions avait été extraordinairement élevée, dira encore le collaborateur de Hindenburg ; nous ne pouvions prévoir quelle suite auraient les combats ni quels efforts nous aurions à fournir... » (1)

« La chute du bastion du Laonnais aurait imposé un déplacement général des lignes, ce qui eût amené la décision de la guerre sur le front occidental » écrit de son côté la « Gazette de l'Allemagne du Nord ».

L'usure des troupes allemandes causée par la bataille de la Somme et aggravée par cette offensive est en effet extrême, les généraux en chefs Français et Anglais sont sûrs du résultat. Mais nos politiciens s'affolent. En vain le premier ministre britannique les gourmande-t-il :

« Nous pourrions nous laisser aller à ne pas estimer à leur valeur les résultats de notre offensive, dit-il à MM. Ribot et Painlevé.

(1) Ouvrage cité, page 193.

« On avait sans doute formé de grandes espérances qui ne sont pas réalisées. Mais sans espérance au delà de ce qui est possible, peut-être ne trouverait-on pas l'élan indispensable en temps de guerre...

« Songez à nos prises : 45.000 prisonniers, 450 canons, 800 mitrailleuses, 200 kilomètres carrés reconquis. Supposez que ce soit l'ennemi qui ait obtenu ce résultat... et imaginez la vague de pessimisme qui gagnerait l'opinion publique. Cela suffit à montrer la réalité des succès que nous avons remportés... Les pertes que nous subissons sont très pénibles, mais il est impossible de les éviter, si nous faisons la guerre... S'il s'agit d'économiser les vies humaines, nous dirons que les attaques faibles et répétées coûtent autant et plus que les attaques à fond... J'espère que ces considérations nous amèneront l'un et l'autre, à admettre que nous devons tous à la fois donner tous nos efforts. »

Ces sages conseils ne portent pas leur fruit : l'alarme donnée par des gens mieux intentionnés que compétents est exploitée par la propagande ennemie. Tous les détails, toutes les infamies en ont été exposés par ailleurs (1) il serait donc vain d'y revenir, mais ce fut une des heures les plus douloureuses de notre histoire.

Bref, l'offensive est arrêtée avec la nouvelle crise de commandement, car Pétain succède à Nivelle. Des mutineries dues à cet arrêt de l'offensive se produisent : Les soldats, ne comprenant pas, crient à la trahison.

Ici une glorieuse remarque doit être faite : la 10e

Ouvrage cité, page 133.

D. I. C. qui a été peut-être la plus éprouvée par le feu (le Chemin des Dames lui a coûté, en particulier, tous ses chefs de corps, sauf un, et 140 officiers hors de de combat), n'a *aucun* cas d'indiscipline à son actif : l'exemple généreux de son chef portait ses fruits.

Ailleurs, on doit calmer, on doit sévir... Et l'on inaugure le système des objectifs limités, pilonnage etc. qui va aboutir au désastre du printemps 1918. Désastre que seule l'énergie d'un Clemenceau — qui « fera la guerre » et balayera l'arrière — unie à la vaillance des chefs méconnus en 1916 et 1917 (Foch et Mangin) des fervents de l'offensive raisonnée allant « aussi loin que possible » parviendra à conjurer le péril d'abord, puis à le transformer en victoire.

Nous n'en sommes pas encore à ces heures glorieuses. Retirée du front le 20 avril, avec de grosses pertes, la division qui, elle, a fait tout son devoir, a besoin d'être reconstituée. Elle est envoyée tout d'abord au sud du camp de Mailly.

Au commencement de mai, affectée à la 8e Armée, (général Gérard) elle est transportée en Lorraine. Après quelques jours d'instruction dans la région de Neuviller-sur-Moselle (camp de Saffais) elle gagne Baccarat (fin mai). Le front, en partie boisé et accidenté qu'elle occupe alors, est très étendu, mais son secteur est calme et jusqu'à la fin août elle est employée à des travaux de défense, et à des opérations de détail.

Retirée du front, elle retourne dans la région de Neuviller-sur-Moselle pour une courte période de regroupement et d'instruction.

Et c'est un réel délassement pour elle que ces

quatre mois du secteur calme de Baccarat. Depuis qu'elle existe, elle est soumise aux plus rudes fatigues, au danger constant. Son moral, qui fut toujours excellent, lui reste; mais ses nerfs et ses forces avaient besoin de cette détente.

Dans la seconde moitié de septembre, la division affectée à la 2e A. (général Guillaumat) est transportée dans la région de Bar-le-Duc pour, de là, gagner Verdun.

Depuis le 21 août, le général Guillaumat y attaque sur les deux rives de la Meuse. Il a atteint tous ses objectifs, conquis des observatoires importants. Le 24 août, puis le 8 septembre, il a élargi ses gains : Cote 304 (26 août) plateau de Beaumont (8 septembre). Le secteur en avant de Douaumont, où est dirigé la division, se trouve presque entièrement privé de travaux de défenses et de protection. Le sol, balayé pendant des mois par les rafales d'artillerie, offre une de ces visions cahotiques auxquelles seul le nom de « paysage lunaire » semble convenir : plus de sol, mais des trous successifs, plus d'arbres, mais de ci de là quelques troncs déchiquetés.

La 10e y occupe le secteur de Haudremont, où le terrain des premières lignes a été tout récemment conquis sur l'ennemi. Dès son arrivée, le 24 septembre, elle subit une attaque devant Beaumont cote 344, la repousse par une brillante contre-attaque à la baïonnette, reconduit le Boche dans ses tranchées mêmes, et lui enlève de nombreux prisonniers. En vain l'ennemi essaye-t-il de réagir ; non seulement la division résiste, mais elle continue à organiser le terrain.

Cependant son secteur est soumis à de formidables

marmitages ; les Boches, qui attaquent ses voisins de droite et de gauche, tenant à ce qu'elle soit trop éprouvée pour se permettre d'attaquer à son tour. Les obus de tous calibres, explosifs et toxiques à doses massives, s'abattent sur ses malheureuses troupes et s'acharnent sur les ravins autour d'Haudremont, où se trouvent le P. C du général Marchand et la majeure partie de l'artillerie de l'armée.

Dans la seule nuit du 24/25 septembre l'artillerie toxique allemande des positions d'Orne et de la forêt de Spincourt projette sur Haudremont et ses abords *120.000* obus à l'ypérite, effroyable arrosage qui se reproduit avec la même abondance dans les nuits du 27/28 et du 29/30. Jusqu'au 8 octobre, l'étendue de 4 kilomètres carrés qui a reçu cette semence de mort, en reste saturée et baigne littéralement dans l'émanation gazeuse.

Plus de 4000 hommes deviennent à la fois aphones et aveugles pour de longs mois.

Mais la division reste ferme. Le moindre repli aurait une importance morale extrême ; quels cris de joie et de revanche ne pousseraient pas les Boches, s'ils parvenaient seulement à se rapprocher de Douaumont !

« Les lauriers étaient cueillis, il n'y avait plus qu'à recevoir la sauce ! » dira plus tard un officier. Mot trop juste, dont le pittoresque cache vainement l'amertume ; car, par une étrange fatalité, ce fut souvent pour recevoir « la sauce » avec plus de danger pour moins de gloire apparente, que la division fut employée... Peut-être parce qu'elle était trop réputée pour sa solidité stoïque, et pour l'incomparable abnégation de son chef.

LE GÉNÉRAL MARCHAND DEVANT VERDUN.

Néanmoins, et comme toujours, elle fait son devoir, tout son devoir, on pourrait dire plus que son devoir. Le général d'ailleurs continue à être l'âme de la résistance. Il semble que là où il est, on ne saurait pas reculer. Le 15 octobre à Haudremont, il échappe miraculeusement aux éclats d'un gros obus, qui tue auprès de lui trois officiers, presque tout l'état-major de la division. Le colonel-commandant l'artillerie avait été tué quelques jours avant. De même l'aumônier de la division. Les rangs de la 10e se trouvent donc cruellement décimés : plusieurs milliers d'hommes et deux états-majors de régiment entier, colonel en tête, mis hors combat, rien que par les obus toxiques ! L'élévation des pertes, aggravées par le départ des Sénégalais (à cause du froid), devient angoissante. La 10e a entièrement accompli sa mission, mais ce rude effort est payé par une usure telle qu'il faut la relever le 29 octobre. Elle a tenu pendant 35 jours consécutifs les lignes de Verdun-Haudremont.

Elle est transportée à Vassy, près de Saint-Dizier. Après 12 jours de repos, le 13 novembre 1917, elle repart. Elle va cette fois dans la région de Commercy prendre le secteur Bois d'Ailly — forêt d'Apremont — Bois Brûlé (là où, en automne 1914, son chef a déjà été blessé) Le Q. G. de la division est établi à Vignot (faubourg de Commercy) elle fait alors partie de la 1re armée (général Debeney) et est chargée d'étayer l'entrée en secteur de la première division américaine mise en entier sur le front, à côté d'elle, en Woëvre. Son secteur très étendu se trouve à cheval sur les Hauts-de-Meuse boisés, et sur une plaine marécageuse de la Woëvre ; elle a à exécuter de très gros travaux de deuxième position, tout en pratiquant sur le front un régime ininterrompu de coups de mains violents, donnés et rendus.

1918. — Mais à ce moment un coup de tonnerre retentit : l'attaque du 21 mars 1918 se déclanche sur le front anglais, défonce tout et fait planer sur nos fronts une menace qui va se prolonger près de quatre mois.

Malgré les conseils de Foch, qui n'est à ce moment que chef d'état-major général, Pétain étant généralissime, aucune préparation d'offensive, ni même de plan offensif, n'a été élaborée. Se trouvant trop faible on s'est contenté d'attendre... espérant que l'ennemi nous laisserait le loisir de prolonger cette inaction, aussi longtemps qu'il nous conviendrait. Aucune riposte énergique n'a même été prévue contre cette attaque allemande, dont beaucoup pourtant sentaient l'imminence. L'unité de commandement n'est pas réalisée. La situation est des plus graves.

Naturellement, tous les travaux sont arrêtés ; il ne s'agit plus de prévoir les menaces futures, mais de parer à celle du moment.

Relevée sur une partie de son front en Woëvre par des troupes américaines, la 10e division glisse vers le nord face à Saint-Mihiel, sa gauche appuyée au fortin des Paroches, sa droite adossée au grand fort de Lionville démantibulé depuis le bombardement essuyé les 25/30 septembre 1915. Le général établit son P. C à la Compasserie, près de Grimancourt. Renforcée par deux régiments de tirailleurs algériens (le Ve et le 11e), la division se voit confier un front extrêmement étendu.

Les Américains sont violemment attaqués à plusieurs reprises. La 10e fait alors un coup de main sur le bois d'Ailly pour reconnaître les forces ennemies et les inquiéter. Ce coup de main est si brillant que les Boches, on le sut plus tard par des prisonniers, crurent un moment à une grosse attaque.

Avril et mai voient Marchand continuer cette tâche et la mener à bien.

Le 26 mai, sa division est relevée et envoyée à Void pour se refaire. Après huit mois de lutte et de travaux incessants, du 23 septembre 1917 au 26 mai 1918, le besoin de cette détente se fait impérieusement sentir. Mais le dieu des batailles en a décidé autrement. Le 27, à l'aube, les Allemands attaquent le Chemin des Dames, la situation est critique, le soir même l'ordre arrive de s'embarquer dès l'aube, pour « boucher le trou » dans la région d'Esternay (sud de Montmirail) d'où la division sera poussée en avant en autos. La période du repos se transforme en une activité fiévreuse qui devient rapidement forcenée.

Nul ne murmure, sachant la gravité de l'heure, mais la lassitude est grande ; pourtant c'est prête à lutter de toutes ses forces, de toute son âme, que la 10e part le lendemain.

Le 30 mai, affectée à la 6e armée (général Duchêne) portée en toute première ligne sur la Marne, elle est chargée d'en interdire le passage à l'ennemi.

Une partie du 33e colonial (avec un bataillon sénégalais) est engagée de suite au nord de Château-Thierry. Les autres bataillons de la division débarquent successivement des autos au sud de la

Marne ; l'un deux (du 33e également) est porté au delà de la Marne, vers Mont Saint-Père.

Des combats d'une violence inouïe se livrent. C'est Paris même qui est menacé. Et derechef les Boches avancent, ils atteignent la Marne.

Le 30 mai et le 1er juin, la bataille se poursuit toute la journée, mais la pression s'accentue ; l'ennemi est trop supérieur en nombre et encercle Château-Thierry à la fois par l'est et par l'ouest.

Les éléments de la 10e D.I.C. qui ont été chargés de la défense de la tête de Château-Thierry s'accrochent d'abord aux faubourgs de la petite ville, puis à son vieux château. Un bataillon américain de mitrailleurs (premier arrivé avec ses voiturettes automobiles, d'une division américaine qui accourt à la rescousse) est immédiatement confié au général Marchand qui le lance dans Château-Thierry pour soutenir nos marsouins; au fur et à mesure qu'ils descendent du train, les bataillons sont jetés en avant.

La nuit tombe. L'obscurité est propice aux infiltrations de l'ennemi qui glisse des troupes vers le pont de pierre de Château-Thierry. Déjà des fractions boches sont sur le pont : elles vont pousser un hourrah de triomphe !

Une explosion déchire l'air : c'est le pont que la 10e D.I.C. fait sauter, avec les Boches qui y sont engagés.

L'ennemi ne franchira pas la Marne !

Mais le bataillon du Château, attardé par sa vaillance même, et quelques mitrailleurs américains qui se sont joints à lui, ne se sont pas présentés à temps, pour le passer avant les Allemands. Plus de pont et l'ennemi avance. Par des hommes qui passent à la nage le contact est gardé avec l'officier qui les commande. Raccommodant sous la mitrailleuse une passerelle endommagée, nos héros se hasardent sur cette chose fragile... et ils rejoignent avec leurs blessés.

La bataille sera terrible jusqu'au 8 juin. Mais les quelques heures gagnées par l'héroïsme farouche de la division Marchand et de son chef permettront les succès ultérieurs : Par ces heures une simple division sauva et la ville, et Paris.

Les Américains à qui la division a laissé une partie de son secteur, glissant elle-même vers la gauche, font preuve eux aussi d'une réelle vaillance. C'est leur première action importante. Barrer la route de la capitale leur semble une sorte d'emblême dont ils se montrent particulièrement fiers.

Enfin les Allemands sont arrêtés sur la Marne ! La situation reste grave, mais à l'avant comme à l'arrière le moral demeure excellent. Le défaitisme a été balayé par le grand français qui, à cette heure, a vraiment sauvé la patrie ; grâce à lui les généraux ont leurs coudées franches. Le front se stabilise, l'arrière « fait bloc ». Et là encore on ne saurait passer sous silence l'action du chef, civil ou militaire, qui seule, en une heure de cette gravité, peut sauver la situation. Les énergies restant éparses, il faut que quelqu'un les mette en faisceau. Clemenceau en cette occurence fut l'âme incarnée de la patrie, et cela restera sa gloire éternelle. J'ai trop franchement dit par ailleurs les reproches que je croyais juste de lui adresser, pour ne pas éprouver un réel plaisir à lui rendre ce non moins juste hommage : « A la guerre, ce qui compte avant tout, c'est le facteur moral, dit Foch dans ses principes de guerre. La volonté de vaincre y domine tout. » Vérité fondamentale (comme pour toutes les entreprises humaines) que confirme la physionomie de ces deux printemps si divers :

En avril 1917, nous avançions, de gros avantages nous échéaient, les efforts étaient rudes, mais la victoire était au bout, on faisait en tout cas un pas vers elle. Par la propagande défaitiste, laissée libre par nos gouvernants au lieu d'être enrayée par eux, par l'inaptitude de ces gouvernants à s'élever au niveau de la situation et par leur manque de confiance en nos chefs militaires dont le plus vilipendé devait tant contribuer au succès final, il souffla comme un vent de panique : au sein même de la victoire on était mûr pour la défaite.

En 1918 c'était la défaite, presque le désastre, on reculait, le front craquait, mais un pilote était au gouvernail, un homme qui savait vouloir, à la fois ordonner et faire confiance ; galvaniser les volontés chancelantes par sa volonté d'airain. Pas un instant le moral ne faiblit ; on était grave, angoissé même, affolé jamais. Une résolution froide, un enthousiasme résolu et irrésistible soutenait l'arrière comme l'avant malgré reculs, gothas et berthas : Aux heures les plus sombres, aux instants les plus critiques, on était mûr pour la victoire.

En attendant, la pression continue. La division Marchand vient de glisser vers sa gauche (ouest de Château-Thierry, cote 204) pour laisser une partie de son secteur prédédent aux Américains, elle se trouve ainsi, à droite et à gauche, entourée des jeunes troupes

Yankees. Elle reste là pour les étayer, pour stabiliser le front et, se trouvant à nouveau à cheval sur la Marne, pour barrer une troisième fois la route de Paris. Bien que l'avance boche soit enrayée, la situation reste critique. La moindre faute, le plus léger recul, et c'est le cœur même de la France qui s'ouvre devant l'envahisseur ; encore quelques kilomètres d'avance et les canons de marine ennemis pourront atteindre Paris, non plus à de rares intervalles comme les « Kolossales berthas » mais méthodiquement quartier par quartier, le pilonner, le réduire en ruines.

Foch a toujours été un fervent de l'offensive ; ayant pris la situation en mains à une heure où seule la défensive était possible, il s'est vu contraint de la garder. Mais sentant le front se stabiliser, il songe aussitôt à reprendre l'initiative et à exécuter des opérations partielles qui permettront plus tard le grand mouvement en avant. Il constitue donc un solide bloc de réserve à l'ouest de Château-Thierry, d'abord, parce que c'est la route de Paris, ensuite, parce que de là elles peuvent se porter aussi bien vers la Somme et même vers la Lys que vers la Champagne. Après avoir été retirée du front fin juin et transportée pendant quelques jours dans la région de Luzarches, la division Marchand va y rester au repos, en réserve de l'Armée Mangin, qui, entraînant hommes et chars d'assauts, prépare son attaque de la forêt de Villers-Cotterets. Mais l'armée Mangin remporte une série de petits succès assez importants ; les effectifs boches diminuent d'ailleurs dans ce secteur pour aller se masser de façon inquiétante sur le front des IVe et

Ve armées (Gouraud et Berthelot) face à **Reims**. C'est sur ce point manifestement que les Allemands pensent, cette fois, livrer la bataille décisive.

Le 5 juillet, on y transporte en hâte la 10e en camions-autos (région d'Epernay).

En effet, le 15 juillet, sur un front de près de 90 kil. partant de l'est de Château-Thierry pour ne s'arrêter qu'à l'Argonne, Gouraud, qui a organisé la fameuse « défense en profondeur » que l'on sait reçoit le choc et y résiste magnifiquement. C'est un échec pour l'armée allemande. En revanche les Ve et IXe armées sont plus fortement ébranlées.

« Nos armées, dit M. Madelin (1), avaient, en cette région à défendre non point comme Gouraud, une ligne depuis près de trois ans assise sur des positions sans cesse fortifiées et un terrain que connaissait, comme son domaine propre, l'armée qui l'occupait : les armées Berthelot et Degoutte se battaient sur des positions improvisées au soir d'une bataille récente, hâtivement améliorées depuis un mois à peine, formant poche et d'un dessin fort irrégulier. Il était beaucoup plus malaisé d'y pratiquer aussi mathématiquement et aussi sûrement la méthode de parade qui venait d'être si merveilleusement appliquée sur le front Gouraud. »

Le 15, au petit jour, la Ve armée est attaquée entre Prunay et Saint-Léonard, entre Sainte-Euphraise et Dormans. La division qui fait alors partie du Ve corps de cette armée tient un front de 16 kilomètres en 2e ligne sur la rive droite du N. E de Fleury-la-Rivière

(1) MADELIN : *la Bataille de France*, Paris, Plon-Nourrit.

à Rueil sur Marne, et en 1re ligne, sur la rive gauche, de Œilly à Troisy, une fois de plus à cheval sur la Marne pour organiser un front nouveau.

Marchand est donc chargé de défendre le défilé que forme la vallée de la Marne entre le contrefort boisé de Reims et la forêt d'Epernay. En cas de recul il doit avant de se replier, ainsi qu'à Château-Thierry, partir le dernier après avoir fait sauter les ponts. C'est donc la seconde fois que ce rôle de confiance qui nécessite tant de sang-froid et tant de sûreté de jugement lui est dévolu sur un point vital.

L'ennemi déferle avec une telle violence qu'il passe la Marne entre Verneuil et Dormans (à l'ouest de la division), Le fleuve se trouve ainsi largement traversé, car de son côté les 6e et 9e armées doivent se replier et en abandonner le passage de Dormans à Gland.

D'autre part, dans la vallée de l'Ardre, le corps italien, sous la violence du choc, cède jusqu'à ses deuxièmes lignes. Partout pourtant la défense est héroïque, les pertes allemandes énormes.

La 10e selon sa coutume se signale particulièrement sur le front où l'attaque ennemie manifeste le plus de violence.

Elle l'est spécialement, sur la Marne, les armées allemandes voulant à tout prix atteindre le jour même Epernay, leur principal objectif. En deux jours, d'après leurs prévisions, elles auront gagné Condé-sur-Marne.

Après trois heures de lutte sauvage la gauche de la division soudain découverte est forcée de s'infléchir au sud. Les artilleurs de la 10e D. I. C., aussi braves que son infanterie, sacrifient quelques-uns de leurs canons pour tirer, presque jusqu'à bout portant dans les rangs allemands. Ils y font de terribles ravages ! L'aile gauche de la division s'accroche au Bois des Châtaigniers où l'on se bat tout l'après-midi. A 17 h. ou y lutte encore. Le Boche qui en deux jours prétendait être à Condé-sur-Marne perd donc là une grande journée. L'attaque a duré de 6 heures à 17 heures. Elle reprend le lendemain 16, à 6 heures, Epernay reste son principal objectif, l'ennemi attaque aussi au sud. Mais toute offensive qui marque le pas est compromise : La lutte pied à pied de la 10e vient, là encore, de sauver la situation. Ses pertes sont sévères comme le combat qu'elle mène.

Dès le 16, les quelques progrès que l'ennemi fait dans la vallée de la Marne devant la 10e D. I. C., sont si peu sensibles qu'on le sent paralysé.

« Le 16 à midi, écrit Ludendorff, le commandement suprême donna l'ordre d'arrêter l'attaque de la 1e et de la 3e armées et d'articuler les armées en vue de la défensive, en leur enlevant des divisions. La poursuite de l'offensive aurait été trop chèrement payée. »

D'ailleurs une diversion destinée à changer le sort des combats est imminente : Mangin prépare son attaque du 18 juillet. On sait comment elle va bousculer l'ennemi, dépassant les prévisions les plus optimistes.

Profitant de ces circonstances favorables, malgré de violentes attaques, l'armée Berthelot, dès le 18, reprend l'offensive. Partout elle attaque, partout elle avance. Les pertes allemandes, dans cette région, sont effroyables : non seulement la division Marchand a repris le terrain cédé, mais elle a poussé en avant.

Naturellement, chez elle aussi, les pertes sont lourdes, et tandis qu'un certain nombre de ses bataillons restent maintenus sur place, une partie de ses éléments doit être replacée en deuxième ligne (dans le même secteur) pour s'y reconstituer promptement.

A cette heure, où le premier frémissement commence à agiter les ailes de la victoire, la situation reste grave, il faut, coûte que coûte, aller « jusqu'au bout ». Ne se reposent donc que les bataillons qui ne peuvent plus avancer, les autres restent en première ligne, prêtés à d'autres divisions.

« Sur ces entrefaites, la 5e armée reprend à son compte la zône de combat de la 9e ; Berthelot assumant ainsi la charge de toute la bataille au sud et à l'est de la poche déjà fort réduite. En face de lui, non moins que de Mangin, l'ennemi se cramponne, ces 21 et 22 juillet, au champ de bataille, car, défendant au sud de Soissons le pivot de droite de sa retraite, il lui faut défendre, au sud de Reims, le pivot de gauche ».(1)

Le 25, l'ennemi se replie, puis s'accroche à son nouveau front avec l'énergie du désespoir. Jusqu'à la fin du mois, la 10e reste dans ce même secteur dans les conditions exposées plus haut. Puis elle est regroupée dans la région d'Avize ; on lui rend ses bataillons et aussitôt, au grand complet, elle est embarquée pour Verdun. Après quatre jours de repos dans la région de Vadelincourt (S.-O de Verdun), elle prend un secteur au sud de cette place et appartient à la 11e A. général Hirschauer.

Elle prépare alors, d'accord avec les Américains,

(1) MADELIN, ouv. cité, p. 215.

une action contre Saint-Mihiel dont il s'agit de réduire enfin la fameuse hernie. Ce saillant, que depuis septembre 1914 nous n'avons pu parvenir à supprimer, a toujours été pour nous à la fois une gêne et une menace, compliquant notre défensive et entravant nos mouvements offensifs. En 1916, lors de leur ruée sur Verdun, il a été pour les Boches un point d'appui de première importance. Nos transports, à cause de la suppression de la ligne Bar-le-Duc — Verdun, se trouvent entravés par lui et nos opérations futures dans cette région ne pourront prendre de l'envergure que lorsqu'il sera réduit.

Pershing doit diriger ce mouvement — confié en grande partie, comme nous l'avons vu, aux troupes américaines — en collaboration avec Pétain. Le 17 août, Foch leur donne ses premières directives.

Mais un changement de plan survient ; d'autres offensives nécessitant de fortes réserves, les opérations de Woëvre deviennent une sorte d'attaque préliminaire. La directive du 3 septembre en règle d'ailleurs les grandes lignes :

L'armée américaine exécutera les opérations suivantes :

« *a)* L'offensive prévue en Woëvre, réduite à l'obtentation de la ligne Vigneulles-Thiaucourt-Regnéville, suffisante pour assurer les résultats visés : dégagement de la voie ferrée Paris-Avricourt et base de départ satisfaisante pour des opérations ultérieures. Cette attaque est à déclancher le plus tôt possible, afin de ne laisser aucun répit à l'ennemi, — au plus tard le 10 septembre ;

« *b)* Une offensive en direction générale de Mézières

aussi forte et violente que possible, couverte à l'Est grande par la Meuse et appuyée à gauche par une attaque de la 4e armée.

« Cette dernière offensive est à monter avec la plus grande rapidité pour être déclanchée au plus tard du 20 au 25 septembre.

« Elle visera tout d'abord, par des actions menées de part et d'autre de l'Argonne, à rejeter l'ennemi sur la ligne Stenay-Le Chesne-Attigny, puis à gagner la région de Mézières tout en manœuvrant par l'Est pour vaincre la résistance de l'Aisne. »

Le 12, l'attaque se déclanche et remporte un succès complet ; Français et Américains rivalisant de valeur ont, selon l'expression même du général Pershing, « fermé le saillant » 16.000 prisonniers et 440 canons sont capturés en deux jours.

Marchand a été chargé de couvrir le flanc nord de l'attaque par des coups de main et des démonstrations multipliés en Woëvre. Le secteur autour de Verdun (qui sera son dernier P. C) est encore, entre les deux armées américaines, un point vital, car il se trouve juste à la charnière des hauts de Meuse-Woëvre. Là aussi il justifie toute la confiance qu'on lui témoigne.

Et maintenant un grand bonheur l'attend, il ne va plus défendre, mais reconquérir, entrer enfin dans les chères provinces volées : conjointement avec Mangin, qui prépare le mouvement vengeur, il va marcher glorieusement vers Metz.

Au moment où cette attaque va en quelques jours non seulement affirmer notre victoire, mais surtout prouver à l'ennemi son entière et définitive défaite, récompenser nos souffrances, venger nos morts, l'élan se brise :

« 1° Les hostilités seront arrêtées sur tout le front à partir du 11 novembre à 11 heures, heure française ;

« 2° Les troupes alliées ne dépasseront pas, jusqu'à nouvel ordre, la ligne atteinte à cette date et à cette heure... » télégraphie le maréchal Foch à ses commandantsen chefs. Les Boches capitulent, nos soldats, selon l'expression même du génial vainqueur ont gagné « la plus grande bataille de l'histoire » sauvé « la liberté du Monde ». C'est l'armistice précédant la paix. La vanité de nos adversaires comme un nuage insuffisamment dégonflé, reste encore grosse de menaces. Mais ils acceptent toutes nos conditions ; pousser plus avant est donc impossible.

C'est un irréparable malheur :

« A ce moment, écrit le général Mangin, (1) la révolution avait éclaté en Allemagne. Partout des conseils d'ouvriers et de soldats prenaient le pouvoir. Le 9, le prince Max de Bade annonçait l'abdication du Kaiser sans l'avoir consulté et était lui-même emporté par le courant irrésistible ; la République était proclamée ; tous les trônes s'écroulaient. Sur le front, les troupes tenaient encore par places, mais les armées étaient entièrement désorganisées. Calculée pour enfoncer un front solidement défendu, l'attaque des Alliés en Lorraine n'eût rencontré devant elle qu'une faible résistance sur les premières positions, et elle eût progressé presque sans pertes. Toute la ligne allemande tombait d'un seul coup, de la Suisse à la Hollande.

(1) Général. MANGIN : *Comment finit la guerre.* Paris, Plon-Nourrit 1920.

« Entrant dans les Allemagnes, les armes à la main, les Alliés y eussent apporté l'ordre et la liberté. La nécessité de vivre eût amené les armées à traiter avec les gouvernements locaux, à les connaître, à les improviser là où ils n'existaient pas encore. Successivement délivrés du joug prussien, les Etats allemands auraient retrouvé leur existence propre et déterminé, en pleine indépendance, le caractère du lien fédéral qu'ils voulaient pour les réunir. La paix aurait été tout autre. »

Vérité douloureuse que les événements confirment !

L'armistice signé, la division doit gagner les provinces rhénanes. La marche à accomplir est énorme, 40 klm par jour en hiver. Pour ces hommes exténués, c'est un rude devoir à remplir, malgré la joie de la victoire. Marchand, qui nomme plaisamment cette randonnée la « balade des trois Evêchés » — Verdun, Toul, Metz, — soutient tout le monde par sa bonne humeur et sa bonté. Inlassablement il s'occupe de ses subalternes, veille à ce qu'ils ne manquent de rien, à ce que ce dur voyage s'accomplisse pour eux dans les meilleures conditions possibles, et trouve encore le moyen et le temps de s'occuper des réfugiés qu'il rencontre, de subvenir à leurs besoins, et de témoigner aux Lorrains toute son immense tendresse française.

Ses dons de persuasion, son incomparable prestige ne séduisent pas que les nôtres, frères douloureux ou frères retrouvés ; les populations rhénanes n'y demeurent pas insensibles : chaque jour les sympathies plus nombreuses viennent à la France à travers lui.

Après son entrée triomphale à Mayence, le 14 décembre, il gagne avec la division Saint Goarshausen sur la rive droite du Rhin, région qu'il doit occuper.

Là, naturellement, les qualités dont nous venons de parler peuvent prendre tout leur essor. La vieille sympathie pour la France, qui dort dans le cœur de plus d'un Rhénan, se réveille. Les indifférents eux-mêmes s'émeuvent, et ceux qui cachent en eux la haine irréductible de notre race sont au moins forcés de reconnaître le tact, la bonté, le prestige du « Français », de ce héros de Fachoda, être de légende ou plus exactement de synthèse nationale, lui qui, après avoir en 1896 incarné le réveil de la race et son sursaut contre la bassesse, incarne aujourd'hui sa victoire. On ne peut, en revivant ces heures, s'empêcher de penser avec amertume à la carte splendide que la France avait à jouer. Il lui suffisait de se rappeler son histoire, l'influence que durant des siècles, elle avait gardée sur cette rive du Rhin... Les vaincus, dans le premier affolement de la défaite en eussent admis l'annexion pure et simple. En se contentant d'arracher à la Prusse, de rendre à l'indépendance et de s'allier ces populations qu'elle pouvait brutalement asservir, la France se fût assurée à jamais leur reconnaissance, elle se fut préservée contre une agression que désarmement et traités resteront incapables à prévenir. Elle eût affermi la paix de l'Europe.

On le pouvait, on ne le voulut pas.

Marchand n'imposa pas moins pendant le peu de temps qu'il resta en Rhénanie le respect de notre patrie. Tout en pressentant l'inutilité de ses efforts, il ne les épargna pas, étant de ceux qui savent que rien au monde, aucune peine, aucun propos même, ne saurait être totalement perdu. C'est, fidèle au même principe, que, dès les premiers jours, il avait cherché des points de défense, tracé des lignes afin d'être prêt à parer à toute éventualité hostile.

Il sied d'insister particulièrement sur ce point, car cette aptitude à tout prévoir, cette volonté de tout préparer sans vouloir admettre l'influence stérilisante des mots : « inutile » et « impossible » constitue une des bases fondamentales de ce caractère, l'aida à être ce qu'il fut. Son influence n'eut malheureusement pas longtemps à se manifester sur les bords du Rhin : le 25 février 1919, la division était dissoute et son chef lui faisait ses adieux émus, en un dernier ordre du jour :

« En exécution des ordres supérieurs, et comme conséquence de la fin victorieuse de la guerre, la 10e D. I. C. est supprimée, ses régiments sont dissous.

« A vous qui comptez ou avez compté à la division, Officiers, Sous-Officiers, Caporaux, Brigadiers et Soldats — à tous, blancs ou noirs, vivants et morts. — votre Général adresse son salut de chef et d'ami.

« Ensemble nous avons connu la lutte âpre et longue, avec ses souffrances, ses sacrifices, ses splendeurs et ses renoncements. Ensemble nous avons connu la victoire qui paie de tout.

« Les tâches ardues nous sont plus souvent échues en partage que les moissons faciles. Plus d'une fois nos valeureux régiments durent se contenter, comme récompense de la part prise à la bataille, de la certitude de l'avoir gagnée. Ne regrettons rien. C'est l'épreuve multiforme qui trempe les énergies et forge le moral des troupes que rien n'abat. Les nôtres ainsi dressées ont souvent pénétré au plus profond des rangs ennemis et ont gardé le terrain conquis. Elles n'en ont jamais cédé un pouce à l'adversaire, même supérieur en nombre et en armement, sans le reprendre aussitôt avec bénéfices.

Souvenez-vous de la *Champagne* 1915 et du nom de *Navarin*, de la *Somme* de 1916, du *Chemin des Dames* avec *Hurtebise* et de *Verdun* de 1917, de la *Marne* de l'année victorieuse : de cette *Marne* surtout où par deux fois en 1918 — devant *Château-Thierry* aux derniers jours de mai, puis aux semaines de juin, et en avant d'*Epernay* à la mi-juillet — quand la Patrie serrait son épée d'une main plus frémissante, vous vous êtes dressés, infranchissables. Puis l'envahisseur, à son tour assailli, était refoulé et laissait fléchir son moral au cuisant contact de la supériorité du vôtre.

« Pour cela et aussi parce que l'heure de l'armistice vous a trouvés devant les forts de Metz qui redevenait nôtre, vous aviez bien mérité, après un effort guerrier presque surhumain par son ampleur, sa rudesse et sa continuité, d'entrer des premiers dans *Mayence* — honneur du reste acheté par une marche forcée préalable de plus de cinq cents kilomètres à travers la Lorraine recouvrée et le Palatinat hier Bavarois.

« Car voici bien, en effet, par delà les batailles de la gigantesque mêlée alternant, sans répit, avec les combats et les travaux du secteur aussi meurtriers et plus épuisants encore, le vrai titre singulier dont votre division peut s'enorgueillir, parce qu'elle est la seule, je crois, à le pouvoir arborer au regard de toutes les autres amies ou ennemies dans l'ensemble des armées combattantes et sur tous les théâtres d'opérations de la guerre mondiale pendant toute sa durée :

« Entre le 23 septembre 1917 jour de son entrée dans la fournaise de *Verdun* par la porte d'*Haudremont*, et l'heure maintenant arrivée de la dislocation finale, jamais elle n'aura été retirée du front de batailles, de marches ou d'opérations. Dix-sept mois, jour pour jour, livrés à l'action multiforme ininterrompue, au cours de laquelle douze mille des siens, dont 300 officiers, sont tombés, un trop grand nombre pour ne plus se relever.

« Sous aucune forme et dans aucune mesure, pendant cette rude escalade des cîmes de dévouement et d'abnégation les plus ardues, les troupes de la division n'auront goûté le repos de détente. Plus d'une fois — il l'avoue maintenant, — votre général a subi l'étreinte d'une cruelle anxiété ! A une pareille épreuve d'endurance, unique peut-être dans les fastes militaires, le merveilleux outil de guerre allait-il pouvoir jusqu'au bout résister sans rompre ? Il a fait mieux. Il en est sorti plus robuste encore, plus fortement trempé.

« Soldats et camarades de toutes armes et de tous grades, avec quelle fierté aujourd'hui je vous rends ce témoignage où vous sentirez mon affection et l'hommage d'une reconnaissance qui ne s'éteindra qu'avec moi.

« Votre division était née au premier printemps de guerre dans les fleurs et les arômes de Provence. De sa naissance ensoleillée elle a gardé, à travers les jours sombres, une foi toujours jeune. Elle finit avec le dernier hiver de la guerre, en sol allemand, au delà du Rhin des légendes et de nos gloires militaires.

« Ses morts dormiront consolés.

« Mais vous, les survivants de la plus formidable dispute guerrière que le monde ait connue, n'oubliez pas ce qui, demain, va être le passé. Et les vertus auxquelles vous vous êtes haussés comme soldats, continuez de les cultiver précieusement comme citoyens. C'est la condition pour faire notre France toujours plus forte, toujours plus belle, toujours plus digne d'être saluée universellement, dans l'ère de la paix qui s'ouvre laborieuse et féconde, titre prestigieux de médiatrice des nations après avoir donné les directions triomphales aux peuples de l'Entente accourus à son appel pour défendre la liberté et la civilisation.

« Non, vous n'oublierez pas. Et vous ne permettrez pas non plus, rentrés dans vos foyers, qu'autour de vous on oublie.

« Adieu, ô mes bons compagnons d'armes. Adieu mes chers régiments. Je salue vos drapeaux, une dernière fois, avant qu'ils cessent de flotter sur vos cohortes héroïques pour se figer en reliques d'épopée.

« Fait au quartier général à *Saint-Goarshausen*, le 25 février 1919

Le général : *Marchand*,
Commandant la 10e division coloniale.

Les glorieux drapeaux de la 10e, déteints par la pluie, déchiquetés par la mitraille, mais auréolés d'une gloire immortelle, dorment maintenant aux Invalides avec leurs aînés d'Austerlitz, d'Eylau, d'Iéna, de toute l'épopée napoléonienne.

CHAPITRE XI

L'AME.

PORTRAIT DU GÉNÉRAL. — SON AME. — L'ARMÉE. — PAKI-BÔ. — LE GÉNÉRAL ET LES INDIGÈNES. — SES POILUS. — HISTOIRE ET LÉGENDE. — LE FACTEUR MORAL. — L'INFLUENCE DU CHEF. — GRANDEUR D'AME. — AMOUR. — BONTÉ — SES OFFICIERS ET SES SOLDATS.

Et maintenant que nous avons dans son ensemble contemplé l'œuvre du général, maintenant que nous avons suivi à travers le monde cette vie féconde vouée tout entière au devoir, penchons-nous un peu sur ce qu'on pourrait appeler le foyer de ce rayonnement, sur sa personnalité, sur son âme.

Certes l'enveloppe terreste du héros mérite, elle aussi, d'être dépeinte, mais elle est si intimement liée à la « muette immortelle » qui l'anime, qu'il est malaisé de les disjoindre.

Voici d'ailleurs un portrait que me traça de lui un de ses familiers ; je ne saurais en changer une ligne tant la ressemblance est frappante :

« Svelte et souple, brun jadis, blanc aujourd'hui, avec des yeux où tour à tour brille l'énergie et plane le rêve, doués par moment de ce regard intérieur dont seuls les mystiques et les penseurs ont le secret, le général est un homme qui, dès le premier abord, se révèle très à part, très « au-dessus ». Sa parole prenante, harmonieuse, qui tout à coup, à un tournant brusque, s'arrête sur un mot et le martèle, suscite l'image, impose l'idée. La courtoisie de ses manières, son aisance, sa bonne grâce, sont de la plus pure lignée, et qui le verrait sans savoir le croirait plutôt « vieille noblesse », que « jeune France » fils de ses œuvres... Si bien qu'il a le mérite d'unir au charme trop souvent disparu de jadis, le modernisme de l'esprit dans la plus haute acception du terme ».

La même remarque pourrait être faite à l'égard de Mme Marchand qui, fille de la vieille famille des Saint-Roman, a su, partant d'un point opposé, accomplir le même chemin.

Mme Marchand qui, par droit de naissance eut pu se contenter de l'esprit et du charme, s'est élevée fort au-dessus.

Il faut une qualité d'âme très rare pour vivre dans le sillage d'un être supérieur sans être écrasée par lui, ou sans paraître vouloir l'éclipser. Son intelligence et son tact l'ont fait échapper au double péril, et par l'esprit comme par le cœur elle est vraiment digne de lui.

Ce n'est pas un compliment vulgaire, car l'esprit du général Marchand est un des plus vastes qui soient.

Toutes les idées intéressantes se sont donné rendez-vous dans ce cerveau largement ouvert, et celles qui lui sont le plus chères suffisent à révéler sa hauteur de vue.

« Le destructif ne saurait être durable et pour la France il importe que toute œuvre se perpétue ! » se plaît-il à dire, et il ajoute :

« Dans une nation tout doit s'équilibrer. Nous avons eu de sublimes victoires, il nous faut maintenant leur faire porter tous leurs fruits ».

En d'autres termes, s'il veut que l'armée ait sa juste place dans le pays dont elle fit la gloire, s'il sait mieux que tout autre l'intérêt vital qui existe pour nous à lui laisser son rang et son prestige, du moins n'a-t-il jamais désiré lui voir prendre une importance excessive au détriment de quoi que ce soit, et surtout veut-il lui voir accomplir une œuvre féconde, une œuvre de vie. C'est ce désir constant appliqué à lui-même qui, joint à une profonde bonté, lui a fait envisager sa carrière sous un angle si particulier « *Le destructif ne saurait être durable* ». S'il s'est, en certaines circonstances, trouvé comme tout guerrier dans l'obligation de détruire, du moins ne s'en est-il consolé que par la civilisation et le mieux être qu'il savait ensuite faire jaillir des ruines.

C'est pourquoi nous l'avons vu, dès ses premières années coloniales, considérer les habitants des pays hostiles non comme des ennemis à anéantir, mais comme des êtres à pacifier, à attirer vers l'amour de la France.

Atténuer, sinon abolir les pratiques cruelles, ouvrir les routes, mettre en valeur, accroître le bien-être des indigènes en même temps que notre patrimoine national, être le *soldat de la vie*, enfin, quand tant d'autres sont les soldats de la mort, tel fut le but dont sa volonté ne se détourna pas un seul instant.

On le sait ardemment français, on le sait adoré de ses troupes, mais l'âme d'apôtre qui double cette âme de soldat, qui la consolide et la rehausse lui donnant toute sa valeur morale, demeure trop souvent ignorée.

J'ai eu, à plusieurs reprises, l'honneur de rencontrer le général et de m'entretenir longuement avec lui. L'impression que je garde de ces heures est profonde et je ne saurais mieux la définir qu'en la comparant à l'étonnement spécial, fait de respect et d'émotion, qu'on éprouve à voir une de ces forteresses du moyen-âge, froide et sévère, uniquement, semble-t-il, créée pour la lutte, s'ouvrir brusquement sur une chapelle intérieure, dentelles de pierres entre lesquelles le ciel apparaît, trésor unique des siècles de foi, où toutes les délicatesses du détail concourent à l'élévation de l'ensemble, se projettent vers l'au-delà en une même pensée, à la fois une œuvre et un hymne.

Hymne et prière à la Patrie, hommage de tout son être, de toute son âme, au culte choisi, telle est bien la vie de Marchand. C'est le fervent qui se voue à un culte. C'est le héros qui ouvre les routes, c'est aussi une âme qui s'élève, une âme qui a compris le vrai sens de la vie, la montée, non vers la gloire personnelle, mais vers le plus noble, vers le plus pur, quitte à s'obliger pour cela à l'effacement total du moi.

A celui qui à travers l'existence de cet homme et en marge d'elle ne sentirait pas cette vérité, il suffirait de comparer ses photographies successives pour s'en convaincre. Rares sont les masques sur lesquelles le sens d'une vie s'inscrit avec une telle éloquence.

Dans les premiers temps l'action d'abord, le rêve aussi certes, et la noblesse, mais l'action surtout. Puis à mesure que les années passent, la pensée domine, s'allie bientôt (après Fachoda), à la souffrance qui forge les âmes et est en quelque sorte leur pierre de touche. Tandis que les mauvais sortent pires de son contact, elle est au contraire le tremplin d'où les natures supérieures atteignent à leur apogée.

Au sombre laurier de sa gloire il put, hélas ! à certaines heures, unir la palme du martyre, et sa dignité, son abnégation devant ce qu'il a estimé être son devoir ont droit au plus profond respect.

Il est certain que de tous les combats qu'il eut à livrer, de toutes les souffrances qu'il eut à subir, celles qui lui valurent à juste titre l'admiration de de l'univers, si cruelles qu'elles aient été, ne furent pas les plus cruelles. Mais qui le saurait ? Ennemi de toute publicité, il s'est toujours dérobé à ce qui pouvait le mettre en avant. Et si rare est le procédé que, là aussi, on pourrait presque dire qu'une voie nouvelle était à ouvrir !

Ouvrir la route, ouvrir la voie, ne fut-ce pas toujours en effet, dans les choses infimes comme dans les plus vastes, le rôle du général Marchand ?

Les indigènes le sentirent eux qui, avec cet instinct si curieux des simples et des primitifs, lui donnèrent ce nom de Paki-Bô, image à la fois de sa tâche matérielle et de la mission morale qu'il s'est assignée.

Le souvenir, d'ailleurs, que les Noirs gardèrent de lui tient de la légende. Il fait époque dans leur vie, au point que les événements se comptèrent longtemps, au Congo, d'après sa venue ; et c'est couramment qu'à nos agents cherchant à préciser une date, à situer un fait, l'indigène faisant effort de mémoire répondait :

« Tant d'hivernages avant le passage de Paki-Bô » ou bien « Tant d'hivernages après. »

Et son renom y est resté si vivace, et si légendaire à la fois que pas un nègre n'eût consenti à n'avoir pas vu Paki-Bô... mais pas un, se trouvant face à face avec lui, ne consentait non plus à le reconnaître.

Oubliant que lors de leur passage sur la terre, ils avaient été des hommes comme eux, les anciens peignaient leurs demi-dieux et leurs héros plus grands que nature. Un travail similaire s'accomplissait dans le cerveau des fils de la brousse ; lorsque, sur le front français, Bambaras ou Yakomas s'entretenaient avec le général, ils s'émerveillaient de la connaissance que le grand chef blanc avait d'eux ; ils l'écoutaient avec joie évoquer leur pays, employer leur langue. Eux-mêmes lui parlaient de Paki-Bô. Mais quelqu'un s'avisait-il de leur dire que Paki-Bô c'était lui, un grand rire d'enfant les secouait et rien ne pouvait les en convaincre; trop vaste avait été l'œuvre pour qu'elle puisse, selon eux, avoir été accomplie par un simple mortel, et jamais un noir en ce général brave, bon, les connaissant à merveille, mais semblable à d'autres généraux, ne voulut reconnaître le dieu Paki-Bô, le traceur de routes, devenu pour eux plus grand que nature. Détail amusant quand on le relate, caractéristique lorsque la pensée s'y arrête, capable mieux que toutes les phrases de synthétiser l'être exceptionnel.

La légende d'ailleurs ne l'auréolait pas que chez les indigènes, chez les blancs aussi elle le devançait, l'exaltant à leurs yeux et le déformant tour à tour, insufflant à ses soldats la noble émulation que donne la présence d'un grand chef, la joie de combattre sous lui, le désir de s'en montrer digne.

Cet amour que lui témoignaient ses hommes,

Marchand le leur rendait avec usure : « La chair d'un général n'est pas plus précieuse que celle du plus humble soldat », répondait-il, avec une indignation mal contenue, un jour que je m'étonnais de sa fréquente présence en avant. A ce propos qu'il me soit permis d'insister particulièrement sur un fait, ou plus exactement d'y revenir : en avant, oui, en avant sans crainte, le général s'y portait avec joie, mais quand le devoir bien compris le lui permettait et seulement alors.

Avant l'action, par exemple, quel que fût le marmitage, quand il s'agissait de voir où allaient mourir ses soldats, de se convaincre de l'utilité du sacrifice, de faire tout au monde pour en restreindre l'étendue, de se rendre compte, enfin, Marchand bravait toute prudence. Un officier apportait-il un renseignement jugé incomplet ; la moindre réticence, la plus minime hésitation planait-elle sur l'exposé « en détails » de ce qu'il avait été chargé d'inspecter : « Allons-y ensemble », disait le général. Et sous la mitraille il partait, prétendant ne rien laisser au hasard quand des vies humaines étaient en jeu.

Après l'action, même abnégation, même mépris du danger, même oubli de soi. Jusqu'aux premières lignes il montait, voulant, de ses propres yeux, voir le résultat obtenu, et son âme penchée sur leur âme « ausculter » le moral de ses hommes.

Mais pendant l'action elle-même, c'était autre chose. A son poste, au poste que tout général doit occuper, quels qu'y soient, selon les événements, les risques ou la sécurité relative, c'est là qu'il était, sachant, lui le soldat-né que le devoir l'y obligeait.

Cela, c'est l'Histoire.

Quant au général aux avant-postes, criant « en avant » à ses hommes dont il dirigeait les vagues d'assaut la canne à la main et la pipe aux lèvres, c'est la Légende, glorieuse certes pour la vaillance du chef qu'elle souligne d'un trait de feu, mais qui de sa part serait une faute ; et absolument erronée.

Et cependant le nombre des soldats qui affirment « qu'on l'y voyait » est incalculable.

Le fait, d'abord invraisemblable, s'explique à la réflexion : il s'agit là, simplement, d'un de ces phénomènes fréquents à se produire chez les masses, mais plus facile à comprendre ou à éprouver qu'à démontrer techniquement.

— Tu l'as-vu, toi ?

— Moi, non ! mais *on* me l'a dit — *On* l'a coudoyé — *On* en est sûr. Et ce « *On* » prend des proportions telles, que pour un peu l'interlocuteur finirait par s'y substituer.

Rien n'est plus émotif qu'une foule quelle qu'elle soit. Mais la foule composée de gens qui attendent « le pire », de gens qui, à un signal convenu, vont se précipiter au devant de la mitraille, bravant la douleur et la mort, atteint un degré d'hyper-sensibilité que rien ne saurait égaler. Le facteur moral s'y substitue presque entièrement au matériel.

La loque sacrée, déchirée par les balles, qui frémit au bout d'une hampe n'a qu'une valeur morale, et pourtant, avec quelle ardeur on est prêt à mourir pour elle !

Un hymne national n'est que « de la musique » et pourtant, des êtres ivres de fatigue gisent au bord de la route comme des bêtes désemparées, quelques notes vibrent, la Marseillaise éclate, et les voici soudain debout se ruant en avant, bondissant, hurlant d'héroïsme, prêts à accomplir des miracles, les accomplissant.

Une masse exaltée au paroxysme arrive à voir ce qui n'est pas, à entendre ce qui ne bruit pas, à se suggestionner elle-même sous la puissance volonté d'un seul : Soulevée d'un noble enthousiasme, elle accomplit des prodiges que le plus héroïque de ses membres serait à peu près incapable de réaliser. Livrée au au contraire à la bestialité qu'on a eu soin de soulever du fond de son instinct comme une tourbe, elle va jusqu'à commettre des crimes dont le plus infâme aurait honte.

C'est ainsi que l'on voit des troupes, prises soudain de panique malgré leur importance numérique, s'enfuir lâchement comme balayées par un ouragan de terreur. C'est ainsi qu'on en voit, en revanche, d'autres moins bien armées, devant un ennemi supérieur en matériel et en effectif, s'élancant sous le souffle de l'enthousiasme, passer, vaincre, triompher de tout.

Pourtant la valeur morale de ces deux foules, prises dans leur ensemble, ne diffère pas sensiblement, mais subjuguée, « aimantée » plutôt par une âme de chef, elle est stimulée, soulevée, projetée par cette volonté supérieure et devient en quelque sorte son prolongement.

Un caillou jeté dans une masse liquide la fait frémir jusqu'au fond. Livré à lui-même, un bloc de cristal n'est qu'une masse atone ; qu'un rayon le traverse et il s'irise, diffusant soudain, splendide et magique, une gerbe de cent feux divers. Toute cette puissance de beauté stagnait en lui, et pourtant elle restait morne et le fut demeurée toujours sans le rayon qui l'irradia.

Bloc de cristal ou masse humaine abandonnés à leur propre sort sont frères par leur atonie apparente, rien n'y brille, rien n'y frémit ; traversés par la lumière ou par la pensée magnifiante d'un chef, ils vibrent, tressaillent, fulgurent, réflétant au centuple lumière et vertu.

Facteur moral, facteur suprême, créateur des plus hautes énergies !... mais aussi source de légendes. C'est de cette force là, poussée à l'extrême que prit naissance la légende du coude à coude dans l'attaque. Le général adorait ses soldats et ses soldats le lui rendaient, ils savaient sa bonté, sa justice, ils savaient sa bravoure éprouvée et sûrs de se battre « sous ses yeux », leur héroïsme redoublait.

A force de l'avoir vu auprès d'eux à chaque occasion, de sentir son âme rayonner auprès de la leur, ils le croyaient là, ils le voyaient presque, même quand son devoir l'appelait ailleurs.

Le nombre de soldats qui disent l'avoir *vu* se battre à la même heure sur dix points divers est incalculable, comme incalculable le nombre de ceux qui sincèrement, après l'action, sitôt qu'ils apprenaient sa blessure, se souvenaient de l'avoir vu tomber.

Phénomène plus psychique que matériel, inexplicable à ceux pour qui l'impondérable n'existe pas, cet impondérable presque impossible à définir, plus impossible encore à nier, qui ne se voit pas, mais qui se sent, et reste, quoi qu'on en puisse dire, un des plus grands leviers du destin.

Légende qui plus d'une fois le fit accuser d'imprudence, mais noble et féconde, génératrice de grandes actions ; légende de gloire, légende d amour.

J'ai insisté particulièrement sur ce point car, après la précision des ordres, leur justesse et leur valeur de combat, cette influence morale du chef, la façon, si j'ose m'exprimer ainsi, dont il tient en main le moral de son monde, dont il sait persuader et convaincre, est un de ses plus beaux apanages, un de ses plus sûrs garants de victoire. Cette force là, l'admirable entraîneur d'hommes que fut Marchand dès la première heure, la possède au suprême degré. C'est par elle qu'il a obtenu des miracles sur les rives du Niger, comme sur celles du Congo, du Nil, de la Somme et de la Meuse ; c'est par elle qu'il a engendré, non seulement des faits d'héroïsme, mais aussi des actes d'abnégation et de patience vraiment inouïs. C'est elle qui a fait de lui le diplomate émérite de Chine, c'est elle dont il sut se servir tout le long de sa carrière jusque dans le « no mans land » pour ne pas uniquement détruire.

Je ne saurais dire si beaucoup de chefs eurent cette dernière préoccupation ; je crois plutôt qu'il fut un des rares à la connaître ; mais non seulement elle le sollicitait, on peut dire qu'elle le harcelait comme une hantise. Ouvrir des routes, créer des voies utiles pour l'action militaire d'abord, et qui, dans la stupeur des pays dévastés, deviendraient quelque chose de durable que les habitants trouveraient au retour.

« Ouvrir la route... la route blanche !... » La route nouvelle, image de la nouvelle vie qui allait jaillir de tant de douleur... On savait si bien ce désir du chef que partout, on s'y conformait les uns pour lui « faire leur cour », les autres s'inclinant devant « sa manie », quelques-uns aussi sentant la hauteur de l'idée presque mystique sous son apparence utilitaire, heureux et fiers de la servir, de racheter un peu, grâce à elle, les dures nécessités de l'œuvre de mort, de faire par elle acte de bonté.

A ce propos la bonté du général, son amour pour ses hommes, étendus à tous ceux qui souffrent, ne doivent pas être oubliés.

Ces légendes glorieuses qui se sont en quelque sorte cristallisées autour de lui n'auraient pas pu prendre corps au seul contact de sa vaillance, il y fallait ce corollaire précieux entre tous, le profond amour du chef pour ses hommes, le profond amour des hommes pour lui.

L'admiration, l'enthousiasme de ses subalternes, leur dévoûment à toute épreuve est à la fois splendide et touchant :

« La bonté du général ! me disait un jour un officier supérieur qui vécut près de lui des heures tragiques, je ne saurais trop vous dire à quel point elle fut intense... et pourtant comment la dépeindre ? Ce sont mille riens qui forment un faisceau ténu : Attentions envers ses soldats, indulgence, justice, distribution de vin, de tabac, permission opportune, que sais-je ?

« Pour en sonder toute la profondeur, il faut avoir vu la souffrance qui s'empare de lui chaque fois qu'il est obligé de sévir.

« Il eut à ordonner maint conseil de guerre, jamais, entendez-vous, je ne l'ai vu punir sans qu'une grande tritesse l'envahît. C'était tragique ce débat intérieur qui se livrait entre sa bonté et son devoir. Il cherchait avidement les circonstances atténuantes et jamais le devoir ne lui parut plus rigoureux que lorsqu'il lui interdisait le pardon. »

— « Oh ! oui ! prenez cette vie, me disait un autre officier à qui je confiais le projet de ce livre, prenez cet homme, proposez-le à l'admiration du monde. Aucune nation n'a son équivalent !... »

Et un tel frémissement d'orgueil grondait dans la voix, un tel éclair brillait dans les yeux de ce soldat qui depuis 20 ans avait été sous bien des chefs, qui avait connu tous les fronts de France après avoir connu ceux des colonies, qu'on ne pouvait se défendre d'un respect ému, tant pour celui qui éprouvait une si chaleureuse admiration, que pour le chef qui savait l'inspirer.

De tels sentiments ne sont pas rares quand il s'agit du général Marchand ; j'en ai recueilli d'identiques chez les plus humbles de ses lieutenants comme chez ses plus illustres compagnons d'armes.

Parmi ces derniers se dresse au premier plan la rude silhouette du vainqueur de Douaumont que nous avons vu, au Congo, un de ses meilleurs officiers. Quand je lui parlais de ce livre, son visage à lui aussi s'éclaira : « Faites-le ! oh oui ! faites-le ! scanda-t-il » avec cette ardeur qui est sienne, tandis que ses yeux achevaient de dire toute l'admiration pour ce frère d'armes suivi depuis près de 30 ans. Et la sobriété oratoire du général Mangin qui touche au mutisme quand on cherche à le faire parler de lui-même, se changea soudain en éloquence...

Le même reproche — ou le même compliment —

pourrait être adressé au vainqueur de l'Hurtebise, au sauveur initial de Château-Thierry. Et c'est une joie d'entendre ces deux grands chefs se faire valoir réciproquement, si bien que pour parler de l'un, c'est l'autre qu'il eût fallu consulter, afin de voir la silhouette glorieuse se dresser dans toute son ampleur. Ils n'offrent pas le spectacle toujours triste de deux personnalités qui s'opposent, tâchant de se substituer l'une à l'autre, mais au contraire de deux fervents voués à un même culte et admirant, chez autrui, la manière dont il sut le servir.

Mais les officiers de tous grades ne sont pas seuls à éprouver pour Marchand les sentiments que je viens d'exprimer, leurs humbles collaborateurs, les poilus, dignes fils des grognards de l'empire, les partagent de toute leur âme :

— « Pardonner ? — Oui ! bien oui ! que je pardonne !... murmurait à l'aumônier penché sur lui un pauvre petit qui les deux jambes emportées se débattait contre la mort : Puis, brusquement se redressant :

— Non non ! c'est pas vrai ! pas à tous !

— Pas à celui qui t'a atteint ?

— C'lui là ! si, tout de même ! m'en fous puisqu'il le faut. Mais l'bandit qui a touché mon général ! Jamais par exemple ! jamais !... Çà jamais !... » (1)

Et cet autre qui, se préparant à passer dans la salle d'opérations, — mieux vaut tout prévoir, hélas ! — faisait ses recommandations à son infirmière : pour sa Lise chérie, pour sa vieille maman. Puis, sur le point d'être emporté :

(1) Le général frappé à la même attaque passait pour perdu.

— « Ah ! je voudrais encore, Madame, pour dire à ma Lise... faut pas oublier...

« A la dernière perme... oui ! on ne peut pas savoir, n'est-ce pas ?... eh bien, dites-lui, si c'est un garçon... j'veux qu'on l'appelle Jean, rappelez-vous, s'il vous plait, j'veux qu'on l'appelle Jean comme mon général. »

Qu'ajouter à cela ? devant la simplicité de ces mots vécus ; les phrases sont vaines, elles sonneraient faux...

Ce n'est rien, n'est-ce pas, ces simples paroles ? C'est peu de chose un poilu qui meurt ! il y en eut tant ! mais elles ajoutent à la gloire d'un chef une auréole presque sacrée. Et l'on ne peut, les yeux humides, que s'incliner devant celui qui sut mériter de si touchantes manifestations du cœur et de l'âme, et qui, après avoir su attirer les sympathies et les admirations les plus hautes, sut aussi gagner les plus humbles, fut non seulement l'ami ou le chef ; mais l'incarnation même de la Patrie.

CONCLUSION.

Au moment de clore ces pages, c'est vraiment sur le mot de Paki-Bô, ce surnom trouvé par l'instinct des primitifs, plus sûr parfois que les plus subtils raisonnements, qu'il sied de s'arrêter une dernière fois.

Car ce mot, tout ensemble, forme synthèse et symbole ; il explique en trois syllabes la vie entière d'un héros et donne ainsi le signe de son rôle en l'histoire de notre pays.

La route, il l'ouvrit matériellement à notre commerce, dans ses explorations fécondes ; il l'ouvrit moralement à notre influence, à notre civilisation, la route vers le mieux-être, vers la pensée française, vers l'amour français, tant chez les hôtes barbares de Sikasso, qu'au cœur des missions étrangères en Chine, tant aux régions tropicales que dans nos provinces reconquises.

Et vers l'idéal perdu, c'est bien encore lui qui « ouvrit la route » route du devoir, du courage, de l'honneur, barrée par la vague de démoralisation, que l'Affaire la néfaste Affaire, avait alors jetée sur nous !

La mission Marchand fut bien alors une ascension

morale, trouée en plein ciel vers le soleil de notre gloire honteusement obscurci et souillé.

Pendant la pire des tourmentes, pendant la grande guerre mondiale, il continua sa mission.

La route morale fut ouverte vers la victoire par sa vaillance, la route terrestre fut ouverte par sa volonté bienfaisante, la route nouvelle « la route blanche » qui au milieu du carnage, entre les tombes et les ruines apparut aux réfugiés revenant au pays comme le symbole de la vie nouvelle.

Et ce n'est pas tout, cet explorateur du sol sait être aussi celui de l'idée.

L'incompréhension, la routine, l'égoïsme sont des forêts vierges, des marais stagnants, qui ont eux aussi besoin d'être explorés, au milieu desquels il importe de faire la trouée lumineuse qui mène au mieux-être du pays.

Bien des routes dans ce domaine furent tracées par ce cerveau toujours en éveil — entre autres celle qui mènera la France vers le suffrage familial, et celle qui, souhaitons-le, la ramènera vers l'Océan, « endroit du plus grand mouvement » ; — bien d'autres sous son impulsion s'ouvriront sans doute encore.

Donc, honneur et gloire à Paki-Bô, au perceur de routes. A travers les forêts de notre histoire il ouvrit une route de plus vers la gloire militaire la plus belle qui soit, la gloire qui, n'employant les armes que comme moyen indispensable, sait, sitôt qu'il le peut, apaiser le sifflement des balles pour y substituer, fécond et joyeux, le bruit du trafic, le bruit de la vie, la gloire qui ne se plaît pas à détruire, mais au contraire à édifier, dont le rôle n'est pas éphémère comme le roulement sinistre du tambour, mais durable comme le choc du marteau sur l'enclume, du pilon sur la jarre de manioc ; non nuisible, mais profitable ; la gloire des Galliéni et des Mangin ; la gloire coloniale dans toute sa splendeur ; la gloire qui rayonne ; la gloire qui fait vivre ; la gloire qui crée.

Juin-Octobre 1920.

TABLE DES MATIÈRES

Vannes. — Imprimerie LAFOLYE Frères et Cie.

Imp. 46, rue Saint-André-des-Arts

www.ingramcontent.com/pod-product-compliance
Ingram Content Group UK Ltd.
Pitfield, Milton Keynes, MK11 3LW, UK
UKHW021307190726
13839UKWH00007B/84